नेतृत्व
Leadership

Personality Development

व Self Help की लोकप्रिय पुस्तकें

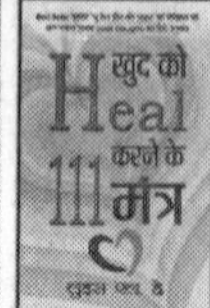

नेतृत्व
Leadership

नेतृत्व क्षमता बढ़ाने के Gloden Rules

प्रो. पी.के. आर्य

प्रकाशक • **प्रभात प्रकाशन प्रा. लि.**
4/19 आसफ अली रोड,
नई दिल्ली–110002

संस्करण • 2025
मूल्य • दो सौ पचास रुपए
मुद्रक • नरुला प्रिंटर्स, दिल्ली

NETRITVA (Leadership)

by Prof. P.K. Arya ₹ 250.00
Published by Prabhat Prakashan Pvt. Ltd.,
4/19 Asaf Ali Road, New Delhi-2
e-mail: prabhatbooks@gmail.com ISBN 978-93-5048-444-9

विषय-सूची

नेतृत्व क्षमता में वृद्धि कर सफलता पाने के 7 गुरुमंत्र

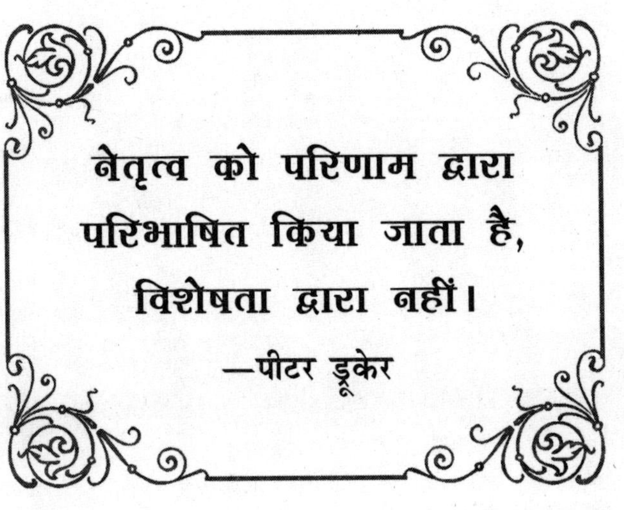

नेतृत्व को परिणाम द्वारा
परिभाषित किया जाता है,
विशेषता द्वारा नहीं।

—पीटर ड्रूकेर

1

औरों के साथ आपके रिश्ते

दूसरों के साथ आपका व्यवहार और आपके संबंध ही आपके संस्कार और चरित्र के परिचायक हैं।
—ओशो

आदर्श नेतृत्व का पहला स्वर्णिम सूत्र है—औरों के साथ आपके रिश्ते।

'जीना तो है उसी का जिसने ये राज जाना
है काम आदमी का औरों के काम आना।'

सफलता की स्वर्णिम इबारतों में से एक है नेतृत्व क्षमता। नेतृत्व क्षमता के बलबूते ही दुनिया भर में विभिन्न लोग अपने-

अपने लक्ष्यों को साध सके। जिन लोगों को आज हम विभिन्न क्षेत्रों में अपना आदर्श मानते हैं, उनके व्यक्तित्व में दूरदर्शिता और नेतृत्व क्षमता के गुण अवश्य ही विद्यमान थे।

मनुष्य एक सामाजिक प्राणी है, उसके प्रत्यक्ष व अप्रत्यक्ष कार्य परस्पर एक-दूसरे पर निर्भर करते हैं। कोई कितना भी सक्षम क्यों न हो, उसे कभी-न-कभी किसी-न-किसी की मदद की जरूरत अवश्य पड़ती है। कई बार हम औरों की मदद करने से इसलिए कतराते हैं कि हमें यह आशंका रहती है कि दूसरों की परेशानियाँ हमारे लिए मुसीबत का सबब न बन जाएँ।

यह सत्य है कि एक समय के बाद एकांत सुखकर लगता है लेकिन जिंदगी की ऑरकेस्ट्रा में समाज के बाकी लोग ऐसे सुंदर साज हैं, जिनकी मधुरिम संगीत लहरियों के बिना जीवन का गीत पूरा नहीं हो सकता। यह भी सच है कि एकाकीपन की दुनिया में हम बहुत दिन तक बँधे नहीं रह सकते। जिंदगी को गति देने के लिए अपने प्रियजनों के बीच रहना ही पड़ता है। औरों को प्रेम दिए बिना व उनसे प्रेम लिए बिना हम अपने कार्यों को पूरा नहीं कर सकते। सफल नेतृत्वकर्ता की एक यह भी विशेषता है कि उसके रिश्ते औरों से कैसे हैं।

बहुत बार जो कार्य मोटी रिश्वत तथा ऊँची सिफारिशों के बाद भी नहीं हो पाते, वे कुशल नेतृत्व एवं प्रेमपूर्ण संबंधों

से सिद्ध हो जाते हैं। गिरकर उठने और आगे बढ़ने के लिए हमें नेतृत्व का सहारा लेना चाहिए। किसी विपत्ति के बाद जो वैराग्य पैदा होता है, उससे उबरने के लिए नेतृत्व क्षमता ही ऐसी ताकत है, जो हमें सक्रिय होने के लिए बाध्य करती है और हमें औरों से जोड़ती है।

जो औरों की सहायता करता है, उसकी सहायता स्वयं होती जाती है। यह एक ऐसा न दिखाई देने वाला लेन-देन है, जिसकी ताकत असीम होती है। जब हम औरों के लिए सच्चे मन से सहयोगी बन कर सामने आते हैं, तो जब कभी हमें सहायता की जरूरत पड़ती है, तो वे लोग बिना कहे हमारी मदद के लिए तैयार खड़े मिलते हैं। यही बात असहयोग व द्वेष भावना पर भी लागू होती है। जब हम औरों के बारे में गलत सोचते, कहते व आचरण करते हैं, तो कितना ही गुप्त क्यों न रखें वह बात संबंधित व्यक्ति पर प्रकट हो ही जाती है।

हम जिन लोगों के बारे में अच्छी भावनाएँ रखते हैं, हमारा पूरा शरीर उनकी उसी अच्छाई के बारे में हमें बताता है जबकि अगर हम किसी के बारे में भावना तो अच्छी नहीं रखते हैं, लेकिन ऊपर से अच्छा दिखने का ढोंग करते हैं, तो वह भी संबंधित व्यक्ति को पता चल जाता है।

आप याद कीजिए कि जब भी आपने कभी किसी की

किसी भी प्रकार से कोई सहायता की है तो आपका मन कितनी ताजगी व अच्छाइयों से ओत-प्रोत हुआ होगा?

जब भी आपने जाने-अनजाने में किसी का कुछ बुरा किया है, तो काफी समय तक वह बात आपको कचोटती रहती है। इसका अभिप्राय यह है कि हमारे जीवन का वास्तविक स्वभाव प्रेम, सहयोग व परस्पर सौहार्द है अतः हमें उन्हें पैदा करने, बढ़ाने व बाँटने की कोशिशों में लगे रहना चाहिए। हम दूसरों का ध्यान रखकर ही उनसे अपना ध्यान रखवा सकते हैं।

हमें यह भी ध्यान रखना चाहिए कि जो हम दूसरों को देते हैं, वही हमें लौटकर वापस मिलता है। यदि प्रेम देते हैं तो प्रेम और हिंसा देते हैं तो हिंसा। चौंकाने वाली बात यह भी है कि नकारात्मक भावों को जिस अनुपात में हम दूसरों को परोसते हैं, कई बार उससे कई गुना अधिक मात्रा में बढ़कर वे हमें वापस मिलते हैं। यही दुःख और सुख का रहस्य है, इसी में सफलता और असफलता के अंकुर छिपे हैं।

विशाल वृक्ष अपने फूलों, फलों, पत्तों, शीतल छाया और कष्ट से असंख्य प्राणधारियों का उपकार करते हैं और फिर भी अपना जीवन खुद ही बनाए रखते हैं। आम वृक्ष अपनी ही जड़ों से जल और खाद को खींचता है और अपनी पुष्टि

खुद करता है। अपनी छाल और पत्तों द्वारा वह वायु, जल और प्रकाश को अपने अंदर लेता है परंतु उसकी छाया में अनेक पशु-पक्षी और मनुष्य विश्राम करते हैं। उसके फलों से हजारों कीड़े-मकोड़े, पतंगे, गिलहरी, सूवे, मयूर, बुलबुल इत्यादि अपना निर्वाह आनंदपूर्वक करते हैं।

मनुष्य उसके फलों से कैसा आनंद उठाते हैं? वृक्ष पर पत्थर फेंके जाते हैं, परंतु वह पत्थर फेंकनेवालों को बदले में फल देता है। उसके सूखने पर उसकी लकड़ी भी काम में आती है। तालाब, नदी, समुद्र, पहाड़ ये सब दूसरों का उपकार करते हैं। इसी उपकार में इनका महत्त्व है।

इसी प्रकार मनुष्य का भी महत्त्व परोपकार व परसेवा से है। आपने अपना ही पेट पाला तो क्या, अपना ही शरीर वस्त्र से ढँक लिया तो क्या, अपने ही बच्चों को पढ़ाया तो क्या, अपने ही घर के लिए चिंता की तो क्या? दूसरों का भला करो, उन पर दया करो; उनका यथाशक्ति दुःख निवारण करो; उनके साथ सहानुभूति रखो। तब आप देखेंगे कि आपके साथ-साथ दूसरों के जीवन में भी उम्मीद और विश्वास की एक नई किरण दिखाई देने लगी है।

आज बड़े-बड़े विश्वविद्यालयों और उच्च शिक्षा संस्थानों से बड़ी-बड़ी डिग्रियाँ लेकर जब युवा व्यावहारिक जीवन के प्लेटफॉर्म पर उतरते हैं, तो प्रायः उन्हें असुविधा और

असफलता का सामना करना पड़ता है। इसकी एक वजह यह है कि वे साक्षर तो हो गए लेकिन शिक्षित नहीं हो पाए। साक्षर होने और शिक्षित होने में जमीन-आसमान का फर्क है। जो शिक्षा नैतिक और सैद्धांतिक मूल्यों के बिना आती है, उसकी सफलता में संशय सदैव बना रहेगा। आपने उच्च शिक्षा तो अर्जित कर ली लेकिन उपकार का पाठ नहीं पढ़ा, तो यह शिक्षा अधूरी है। यह पाठ हमारे लिए नया नहीं है। यह तो हमारा धर्म है। बाहरी देश हमें कला-कौशल सिखाने का दावा कर सकते हैं। परंतु हमें श्रेष्ठ संस्कार वे क्या सिखा पाएँगे? इसी मामले में भारत की तरफ पूरा पश्चिम हमेशा देखता रहा है।

हमारा तो धर्म ही उपकार है। भारतीय नीति ने पंडित उसी को माना है, जो परस्त्री को माता तुल्य, पराए धन को मिट्‌टी समान, पराए की आत्मा को अपनी आत्मा के बराबर समझता है।

यथा—

'मातृवत् परदारेषु परद्रव्येषु लोष्ठवत्,
आत्मवत् सर्वभूतेषु यःपश्यति सः पण्डित।'

यदि इस एक ही नीति-वचन को हम अपने जीवन में उतार लें और उस पर चलें, तो हम किसी का बुरा नहीं

कर सकते। फिर तो हमारे रोएँ-रोएँ से उपकार ही टपकेगा। लोगों का आपके प्रति नजरिया यहीं से बदलना प्रारंभ होता है। दूसरे शब्दों में, हम यह भी कह सकते हैं कि लोग आपको स्वीकार करना और आपकी नीतियों में विश्वास करना प्रारंभ करते हैं। दुनिया में बड़े-बड़े नेताओं का प्रारंभिक कार्य प्रायः इन्हीं विचारों से ओत-प्रोत रहा है।

कुछ लोग सोचते हैं कि उपकार सिर्फ धन-दौलत के माध्यम से ही किया जा सकता है। उपकार के लिए केवल धन ही नहीं चाहिए, उसके लिए मन भी चाहिए। यदि आपका हृदय सहानुभूति, दया, कृपा, क्षमा से रिक्त है, तो सिर्फ धन से आप क्या उपकार कर सकते हैं?

धन क्या चोर-लुटेरों के पास नहीं होता? क्या थोड़े धन से या बिना धन के हम उपकार नहीं कर सकते? किसी अनपढ़ के लिए पत्र लिख देना, उसका पत्र पढ़ देना, मार्ग भटके हुए को राह बता देना, पड़ोसी की बीमारी के समय उसकी देखभाल कर लेना, मार्ग में से काँटे इस भाव से उठा देना कि जैसे हमारे पाँव में ये चुभ गए, वैसे ही दूसरों के पाँवों में भी चुभेंगे, अपनी थाली में से अपने से भी ज्यादा भूखे को दो टुकड़े दे देना, प्यासे को जल पिला देना, बीमार के लिए अस्पताल से दवा ला देना, किसी पड़ोसी के यहाँ मृत्यु होने पर उसे आश्वासन देने के लिए घड़ी भर के लिए

चले जाना इत्यादि छोटे-छोटे दया व कर्म क्या उपकार के कार्य नहीं हैं? जो लोग बिना स्वार्थ भाव के अपने व्यवहार में इन विचारों को लाते हैं, वे जानते हैं कि उनके साथ उनके मित्रों, साथी, परिचितों की तादाद क्रमशः बढ़ती ही चली जाती है। इन छोटे-छोटे कार्यों से हमारी आत्मा को कितना संतोष मिलता है! ऐसे दयापूर्ण लघु कार्यों से ही हमारा स्वभाव दयालु होता है और इन्हीं से हमारी उपकार-बुद्धि बढ़ती है।

भलाई का भाव

नेतृत्व क्षमता के प्राथमिक गुणों के दूसरों के प्रति भलेपन का भाव भी अपना अलग महत्त्व रखता है। इस दुनिया में इतना गिरा हुआ इनसान आज तक पैदा नहीं हुआ, जो उस आदमी का बुरा कर सके जिसने जीवन भर उसके साथ भलाई की हो। कई बार भला करते-करते जब उसका प्रतिफल मिलने की बारी आती है, तब तक हमारे धैर्य और विश्वास चूक जाते हैं। परिणाम यह होता है कि हम स्वार्थ वश भला करते-करते उस व्यक्ति से भी अपने लिए उपकार की परोक्ष कामना करने लगते हैं। कमोबेश यहीं से व्यवहार विज्ञान का गणित गड़बड़ाना शुरू होता है। जब व्यक्ति स्वाभाविक रूप से आपके भले का विचार कर रहा होता है, तब आपका

स्वार्थ उसको उसके पथ से डिगा देता है। उस बदली हुई परिस्थिति में एक बार पुनः आपकी विचारधारा इस बात के प्रति परिपक्व होने लगती है कि भले आदमी का आज के समाज में गुजारा नहीं, जबकि ऐसा नहीं है।

कमीने-से-कमीने मनुष्य में भलाई का भाव होता है। अत्यंत कंजूस में भी उदारता के बीज विद्यमान होते हैं। कायर-से-कायर पुरुष में भी वीरता छिपी रहती है। परंतु यह अंश दबा रहता है और इसका प्रादुर्भाव किसी विशेष अवसर की उपस्थिति होने पर होता है। इसलिए जब कभी किसी की सहायता करने का अवसर मिल जाए, उस अवसर को हाथ से जाने दें। एक बार उपकार करने से आपको जो प्रसन्नता होगी, उसकी याद आपको हमेशा बनी रहेगी। दुबारा अवसर मिलते ही आप फिर किसी की भलाई करने के लिए दौड़ पड़ेंगे। इसी प्रकार आपको अभ्यास हो जाएगा। आपका शरीर और मन आपकी संपत्ति है, उससे जितना उपकार हो सके करें।

पंडित मदनमोहन मालवीय जब हिंदू विश्वविद्यालय के लिए धन इकट्ठा कर रहे थे, तो कई छात्रों ने महीने-महीने तक घी खाना और दूध पीना छोड़कर बचत के पैसों को चंदे में दिया था। उन पैसों से विश्वविद्यालय का कोष तो

नहीं भरा परंतु उन छात्रों में उपकार-बुद्धि की जागृति तो हो गई।

जितना शीघ्र हो उपकार करना सीखें। जब जीवन-संग्राम में पड़ेंगे, उपकार करने के अवसर तो अब से बहुत ज्यादा मिलेंगे; परंतु उपकार सीखने के अवसर कम मिलेंगे। जब तक आप युवा हैं तब तक उपकार, क्षमा, दया सीखने के अवसर बहुत हैं। यदि विद्याभ्यास के साथ आपका स्वभाव उपकारी और दयालु न बनेगा, तो फिर दुनियादारी के झगड़ों में पड़ने के पश्चात् इतनी कठिन स्थितियाँ आएँगी कि और भी कठोर हृदय हो जाएँगे।

'किसी की मुस्कराहटों पे हो निसार
किसी का गम भी मिल सके तो ले उधार
किसी के वास्ते हो तेरे दिल में प्यार
...जीना इसी का नाम है।'

क्षमा और दया के स्त्रोतों को बहने दें। थोड़े-थोड़े बहते रहने से वे बहुत मात्रा में बहने लग जाएँगे। आज एक निःसहाय की सहायता करेंगे, तो वयोवृद्ध होने पर हजारों की सहायता करने लगेंगे। आज एक दरिद्र को मुट्ठी भर अन्न देते हैं, तो भविष्य में कई दरिद्रों को ज्यादा अनाज देने लग जाएँगे। इस समय अपने साथियों के छोटे अपराधों

को क्षमा करने लगेंगे, तो संसार के कार्य-क्षेत्र में उतरने पर बड़े-बड़े पापियों को भी बुरी दृष्टि से नहीं देखेंगे।

स्वयं को देखिए

आप दूसरों की बुराइयों को देखते है और कुपित होते हैं, परंतु कभी अपने को भी देखना चाहिए। हममें भी तो बहुत सी बुराइयाँ हैं—हमें भी तो लोग क्षमा करते हैं—याद रखिए—

'बुरा जो देखन मैं चला बुरा न मिलया कोय,
जो दिल खोजूँ आपना मुझसा बुरा न कोय।'

दक्षिण अफ्रीका में एक मूर्ख पठान ने महात्मा गांधी को मारते-मारते अधमरा कर दिया था। बाद में कुछ लोगों ने उनसे उस पर मुकदमा चलाने को कहा। लेकिन उन्होंने ऐसा करने से साफ इनकार कर दिया, उन्होंने उसे क्षमा कर दिया। बाद में उसी पठान ने अन्य आक्रमणकारियों से उनकी रक्षा की थी। इसी से आप समझ सकते हैं कि क्षमा में कितनी बड़ी शक्ति होती है। यहाँ यह भी कह देना आवश्यक है कि क्षमा को कायरता का आवरण नहीं बनाना चाहिए। सच्ची क्षमा चरित्र की उच्चता से उत्पन्न होती है। शक्तिशाली व्यक्ति ही किसी को क्षमा करने की ताकत रखता है। भगवान महावीर कहा करते थे कि सच्चा वीर वही है जो शक्तिशाली होते

हुए भी दूसरों के प्रति क्षमा और दया का भाव रख सकता है। जो किसी का कुछ बिगाड़ ही नहीं सकता, वो क्रोध और हिंसा करके भी क्या कर लेगा?

'छोटा करके देखिए, जीवन का विस्तार
आँखों भर आकाश है, बाँहों भर संसार।'

□

मैं हाथ मिलाना
और दोस्ताना व्यवहार भूल
गया हूँ। यह नेतृत्व का
एक महत्त्वपूर्ण पाठ है।

—ली इकारा

2

परखिए समय को

गर्म तंदूर पर बैठे किसी मनुष्य को दो मिनट का समय भी दो घंटे जितना लगेगा, परंतु किसी सुंदर युवती के साथ बैठे युवक को दो घंटे का समय भी दो मिनट जैसा प्रतीत होता है।
—शेक्सपियर

आदर्श नेतृत्व का दूसरा स्वर्णिम सूत्र है—परखिए समय को।

नेतृत्व क्षमता के मूलभूत गुणों में समय की परख भी खास महत्त्व रखती है। जिन लोगों को समय के मूल्य का भान नहीं होता, वे प्राय: अच्छे नेतृत्वकर्ता नहीं हो सकते।

वास्तव में समय का सीधा तात्पर्य हमारी कार्यक्षमता और हमारी जीवन अवधि से है। अपनी असफलता और दुर्भाग्य पर रोने वाले अधिकांश लोग समय के प्रति लापरवाह होते हैं। समय की नब्ज पर जिन लोगों की उँगलियाँ थमी हैं, उन्हें निश्चित ही सफलता मिलकर रहेगी।

हिंदी कथा जगत् के बेताज बादशाह मुंशी प्रेमचंद अपने कमरे में दो बहुत पुरानी घड़ियाँ लगा कर रहते थे, जिनमें से एक सदा तेज रहती थी और दूसरी बेहद सुस्त। उन घड़ियों की बाबत प्रेमचंद ने लिखा है कि 'ये घड़ियाँ मुझे स्मरण कराती है कि मेरा जीवन घड़ियों से नियंत्रित नहीं हैं, मैं अपनी इच्छा के अनुसार समय का चुनाव कर सकता हूँ।'

काफी हद तक हम सब घड़ियों के घेरे में कैद हैं। घड़ी का अलार्म बजता है, तो हमें याद आता है कि बच्चों को स्कूल भेजने का समय हो गया। स्कूल में भी हरेक पीरियड के बाद घंटा बजता रहता है। दरअसल घड़ी का अलार्म हमें काम पर जाने की भी याद दिलाता है और काम खत्म करने की भी। दफ्तरों में भी घड़ियाँ हम से दिन भर काम लेती रहती हैं।

आपने बहुत से लोगों को देखा होगा, जो काम करने में कम तथा घड़ी देखने में ज्यादा दिलचस्पी रखते हैं।

थॉमस अल्वा एडिसन से एक बार एक महिला अपने

बेटे को मिलवाने के लिए ले गई। महिला ने एडिसन से कहा कि मेरे बेटे को कामयाब होने का कोई नुस्खा बताइए। तब एडिसन का जवाब था- 'जब तक काम पूरा न हो जाए, तब तक घड़ी की तरफ मत देखो।'

सभी लोग जानते है कि एडिसन का विज्ञान की दुनिया में अत्यंत महत्त्वपूर्ण योगदान है।

बहुत से लोगों ने अपने जीवन को घड़ी की सुइयों के साथ बाँध लिया है। लेकिन वे अनभिज्ञ हैं कि घड़ी की सुइयों से बँधकर हम अपने उद्देश्य व लक्ष्यों की पूर्ति से भटकते हैं।

मैं यह यहीं कहता कि आप समय के पाबंद न हों लेकिन घड़ी को देखकर काम करते रहने से काम की गुणवत्ता व पूर्णता प्रभावित होती है।

एक गैर सरकारी संगठन द्वारा कराए गए आत्मविकास संबंधी वार्षिक परीक्षण के प्रश्नपत्र में एक सवाल पूछा गया था—'आप कितने घंटे काम कर सकते हैं?'

बहुत से कर्मचारियों ने अलग-अलग जवाब दिए, लेकिन जिस युवक को पुरस्कृत किया गया, उसका जवाब था 'जब तक काम पूरा नहीं हो जाता।'

यह एक रोचक तथ्य है कि प्रकृति का समय हमारी घड़ी के समय से प्रायः बहुत भिन्न होता है। वैज्ञानिकों ने

निष्कर्ष निकाला है कि अधिकांश वयस्कों के लिए जीव विज्ञान की दृष्टि से एक प्राकृतिक घंटा लगभग 63 मिनट का होता है। इसका मतलब है कि अगर व्यक्ति ऐसे बंद कमरे में छोड़ दिया जाए कि उसके पास समय बताने वाली कोई चीज न हो, तो वह व्यक्ति रोजाना 24 से 25 घंटे तक काम करेगा और हर महीने उसका एक दिन घट जाएगा।

इस दुनिया में प्रत्येक जीवित प्राणी के पास अपनी-अपनी कुदरती घड़ियाँ होती हैं, जो प्रकृति की लय के साथ कदमताल करती रहती हैं।

जिन्हें हम तुच्छ जीव-जंतु समझते हैं, उनकी उपलब्धियाँ आज भी तमाम प्रगति के बावजूद हमारे विज्ञान को ठेंगा दिखा रही हैं। आज भी बारिश आने का पता चींटियों को पहले चलता है और सूँघने में कुत्ते का कोई सानी नहीं है। आज भी जीव-जंतु हमारी तमाम वैज्ञानिक प्रगतियों से बहुत आगे हैं। समुद्र में रहने वाले केकड़ों को स्वाभाविक रूप से पता चल जाता है कि कब धारा बदलने वाली है। निशाचर चूहा तथा उल्लू रात होते ही जाग जाते हैं। भालू को कोई कहने नहीं जाता कि सर्दियों में अब उसे कुंभकरण की तरह सोना है। पक्षियों का कलरव सुबह तड़के व साँझ ढले पूर्ववत शुरू हो जाता है, उन्हें किसी का टेलीफोन नहीं जाता कि शाम हो गई है, चलो चहचहाना शुरू करो।

जापान में प्रायः भूकंप आते रहते हैं, वहाँ सामान्य रूप से पाई जाने वाली एक छोटी चिड़िया जब आवासीय बस्तियों से नदारद हो जाती है, तो लोगों को इस बात का आभास होने लगता है कि भूकंप आने वाला है। यह आभास सौ फीसदी सच होता है। भारत में भी पालतू पशु जिनमें गाय, भेड़-बकरियाँ शामिल हैं, किसी भी प्राकृतिक आपदा के आने से पूर्व उनकी जैविक गतिविधियों में आश्चर्यजनक परिवर्तन होने शुरू हो जाते हैं।

हमारे शरीर में विद्यमान जैविक घड़ियाँ कई मामलों में तकनीकी घड़ियों से बढ़िया काम करती हैं। ये जीती-जागती घड़ियाँ रोबोट मशीन की तरह बिलकुल निश्चित समय तो नहीं बताती परंतु वातावरण और परिस्थितियों में हुए परिवर्तन के अनुसार स्वयं को व्यवस्थित कर लेती है।

इन घड़ियों में सबसे अधिक परिचित 'सिरकैडियन लय' है, जो प्रायः 24 घंटों में शरीर के रासायनिक तापमान संबंधी तथा शरीर के अन्य परिवर्तनों के उतार-चढ़ाव में स्पष्ट दृष्टिगोचर होती है।

सब जानते हैं कि गर्मियों में दिन बड़े होते हैं और सर्दियों में रातें। हमारे शरीर में छिपी जैविक घड़ियाँ अपने आप उन परिवर्तनों के अनुरूप खुद को ढाल लेती हैं। यही नहीं प्रत्येक प्राणी में अपनी 24 घंटों की लय होती है। इस

लय में वातावरण और परिस्थितियों के साथ ही नहीं बल्कि अपने व्यक्तिगत आंतरिक संकेतों के साथ भी अद्‌भुत तालमेल बना रहता है।

इन जीती-जागती घड़ियों का समय बार-बार कौन निश्चित करता है? अधिकांश जीवित प्राणियों की भाँति हमारा शरीर भी प्रकाश में होने वाले परिवर्तनों को पहचानता है। हमारे मस्तिष्क में तंत्रिका कोषों का एक छोटा सा गुच्छा आँखों से आने वाले प्रकाश का विश्लेषण करता है। यह गुच्छा 'सुप्राकियाजमेटिक न्यूक्लीइ' (एस.सी.एन.) कहलाता है। एस.सी.एन. न केवल दिन तथा रात के बीच होने वाले फर्क का बोध कराता है, बल्कि दिन की लंबाई और प्रकाश में होने वाले सूक्ष्म से सूक्ष्म परिवर्तनों से भी प्रभावित होता है।

तेज धूप व उमस भरे वातावरण में कुछ भी न कर पाने व आराम करने की इच्छा तथा बादलों भरे आसमान के मौसम में रिमझिम होती वर्षा के क्षणों में रूमानी होता हमारा मन, ऐसे ही परिवर्तनों के उदाहरण हैं। दरअसल एस.सी.एन. एक तरह के जैविक पेसमैकर की तरह कार्य करता है तथा शरीर के विभिन्न केंद्रों को संदेश भेजता और समय बतलाता है। ये केंद्र और बातों के अलावा सोने-जागने, विकास और कामेच्छा को भी नियंत्रित करता है। ज्यादातर

चेतन पदार्थों में प्रकाश का ही सर्वाधिक तारतम्य होता है। परंतु मनुष्य में इससे भी अधिक प्रभावशाली तत्त्व होते हैं।

भौतिकशास्त्री एडमंड एम. ड्यूअन ने विचार किया कि महिलाओं के ऋतु चक्र और चंद्रमा के बीच प्राचीन काल से बताया गया संबंध संयोगवश है या मानव शरीर का पूर्ण चंद्र की कृत्रिम चाँदनी से कोई तारतम्य है। मासाचुसेट्स में किए गए परीक्षण में उन्होंने पाया कि अनियमित मासिक चक्र वाली जिन स्त्रियों को उनके प्रथम मासिक धर्म के बाद 14वीं रात्रि से प्रत्येक माह चार रात तक कृत्रिम चाँदनी में सुलाया गया, आश्चर्यजनक ढंग से उनका ऋतु चक्र नियमित होकर चंद्रमा के चक्र की भाँति लगभग साढ़े 29 दिन का हो गया।

हमारी आंतरिक लयें

पश्चिमी जर्मनी में अर्लिंग-आडैक्स के मैक्स प्लांक आचरण मनोविज्ञान संस्था के डॉ. यूरगैन अशौफ तथा प्रो. रूटगर ए. वैवर ने अपने ढंग के अनोखे अध्ययनों में स्पष्ट किया है कि उन्होंने जब कुछ लोगों को एक साथ रखा, तो उन्हें प्रकाश, तापमान तथा नमी आदि समय का बोध कराने वाली बाह्य वस्तुओं से अलग कर दिया गया। तब इनका समय ठीक रखने वाली जटिल आंतरिक लयें अव्यवस्थित

हो गईं। ऐसी अवस्था में उन्हें एक होकर पुनः तारतम्य स्थापित करने दिया गया। फलस्वरूप उनके शरीर का तापमान भी साथ-साथ चढ़ने और उतरने लगा। यह उस तथ्य का संकेत था कि प्रत्येक शरीर में परिवर्तन भी एक साथ हो रहे हैं। जीवलयात्मक (बायोरिदमिक) अध्ययन की भाषा में ये लोग किसी अदृश्य समय के प्रतिमान से जुड़ गए थे और आंतरिक नियंत्रण करने वाले उनके ताले एक अज्ञात दल संकेत के साथ संबद्ध हो गए थे। अशौफ और ए. वैवर ने शायद उन गुप्त शक्तियों में से किसी एक शक्ति का पता लगा लिया था, जो व्यक्ति में परिवर्तन कर उन्हें किसी दल, संप्रदाय अथवा भीड़ का सदस्य बना देती है।

मेसाचुसेट्स स्थित बोस्टन विश्वविद्यालय के मेडिकल सेंटर में मनोवैज्ञानिक विलियम एस. कौंडन और उनके साथियों ने जो अनुसंधान किए हैं, उनके अनुसार किसी भी नवजात शिशु का अपनी माता की जैव घड़ियों के साथ गहरा तारतम्य होता है। भ्रूण एक ही दिन के अंदर मनुष्य की भाषा सुनकर उसकी लय के अनुसार खुद को ढालने लगता है। परीक्षण में कौंडन ने पाया कि जब बड़े लोग बात करते हैं, तब उनकी बात सुनने वालों के शरीर की हरकतों में वक्ता के भाषण की लय के साथ उसी भाँति तारतम्य स्थापित हो जाता है, जिस तरह नर्तकों के पैर एक ही थाप पर साथ-

साथ थिरकते हैं।

मनुष्य का मन दूसरे ढंग से भी समय के चाल में फेर-बदल कर लेता है। मरणासन्न परिस्थितियों से उबरने वाले लोगों का कहना है कि उनके सामने क्षण भर में जीवन की अनेक घटनाएँ एक फिल्म की तरह घूमती चली गईं। भयंकर दुर्घटनाओं से बच निकलने वाले लोग बताते हैं कि दुर्घटना के समय प्रत्येक बात अत्यंत धीमी गति से हो रही थी। लगता है, हमारे दिमाग में ऐसी कोई व्यवस्था या ऐसी कोई क्षमता विद्यमान है, जिससे मनुष्य की बोध क्षमता सामान्य से कई गुना अधिक बढ़ जाती है। उसी के परिणामस्वरूप संसार का घटनाचक्र धीमा पड़ जाता है। इसी के चलते दुर्घटना में फँसे व्यक्ति को बचने के उपाय सोचने के लिए समय मिल जाता है।

जानलेवा परिस्थितियों में बच निकलने के जिस उपाय को हम आसान बनाना कहते हैं, वह लगभग यही हैं। रेड एंड व्हाइट द्वारा दिए जाने वाले बहादुरी पुरस्कारों में से पुरस्कार पाने वाले एक व्यक्ति द्वारा अपनाया गया रक्षात्मक उपाय इसी की मिसाल है। यह व्यक्ति पिकनिक के लिए बच्चों को पहाड़ी पर्यटन स्थल पर ले जाने वाली एक बस का कंडक्टर था। ढलान पर धीमे-धीमे लुढ़क रही बस को रोकने के लिए जब उसे कोई उपाय नहीं सूझा, तो वह बस के

पहिये के नीचे आड़ बन कर लेट गया। आश्चर्यजनक रूप से बस रुकी और उसमें सवार 55 बच्चे सकुशल नीचे उतार लिए गए। मामूली से इलाज के बाद वह व्यक्ति बच गया।

समय का पालन

साधारणत: हम जिस समय का पालन करते हैं, वह हमें स्वाभाविक रूप से जन्म के समय से ही सिखाया जाता है। ऐसा लगता है कि समय हमारे जीवन पर शासन कर रहा है। समय धन है, जिसे बचाना चाहिए। समय को बुद्धिमानी के साथ खर्च करना चाहिए। हमें कभी भी अपना समय बेकार नहीं गँवाना चाहिए।

इलिनाय स्थित नार्थ वेस्टर्न विश्वविद्यालय में नृवंश विज्ञान के रिटायर्ड प्रो. एडवर्ड. टी. हॉल ने अपनी पुस्तक 'द डांस ऑफ लाइफ' में लिखा है कि मनुष्य संस्कृतियों की समय के बारे में क्या अवधारणा है, इसी के आधार पर संस्कृतियों में विभिन्नताएँ पाई जाती हैं। उनका कहना है कि उत्तरी अमेरिका और उत्तरी यूरोप के औद्योगिक देशों के मनुष्यों का जीवन निश्चित कार्यक्रमों में जकड़ा हुआ है। वहाँ किसी अनुशासित दृष्टिकोण के अभाव में औद्योगिक समानता का इतना अधिक विकास हो पाना संदेहास्पद था। साथ ही वैज्ञानिक अब इस बात पर भी राजी हैं कि इस

विकासीय यात्रा के लिए हमने मानवीय मामले में बड़ी भारी कीमतें चुकता की हैं।

समय और काम के प्रति अनुशासित दृष्टिकोण के अभाव में औद्योगिक समानता का इतना अधिक विकास हो पाना संदेहास्पद था। साथ ही वैज्ञानिक अब इस बात पर भी राजी हैं कि इस विकासीय यात्रा के लिए हमने मानवीय मामले में बड़ी भारी कीमतें चुकता की हैं।

वैज्ञानिकों का मानना है कि जब शरीर की घड़ियों में परस्पर तारतम्य नहीं रहता, तो शारीरिक और मानसिक कार्यों में व्यवधान आने लगता है। जब घड़ी का समय हमारी स्वाभाविक आंतरिक लयों के अनुरूप नहीं रहता, तो तनाव पैदा होता है। घड़ी के समय के अत्याचार से ग्रस्त औद्योगिक समाज को अब पता चल रहा है कि हृदय रोग तथा इससे संबद्ध अन्य रोगों के कारण सबसे अधिक मृत्यु हो रही है। हम समय के बारे गें अपने विचारों को परिवर्तित कर इस प्रकार के नुकसान से बच सकते हैं।

- जीवन में घड़ी का इस्तेमाल मत कीजिए। अल्बर्ट आइंस्टीन ने भी कलाई पर घड़ी बाँधना छोड़ दिया था, जब हम दीवार अथवा हाथ की घड़ी में समय देखते रहने की आदत को छोड़ देते हैं, तब हमें समय की बहुत ज्यादा फिक्र नहीं रहती और हमारी

पूरी ऊर्जा काम को करने में खर्च होती है और हम परिणाम के निकट होते हैं।

- जो व्यक्ति घड़ी देखते रहते हैं, उन्हें समय की लत पड़ जाती है। परंतु जो लोग किसी लक्ष्य अथवा कार्य पर अपना ध्यान केंद्रित करते हैं, उनके लिए समय का अस्तित्व ही समाप्त हो जाता है। भले ही वो किसी निर्माणाधीन भवन का नक्शा बना रहे हों अथवा कोई अच्छी और प्रेरणादायक पुस्तक ही क्यों न पढ़ रहे हों। ऐसा करके आप अपनी आंतरिक लयों के साथ जीवन बिताने का अभ्यास कर लेते हैं। फलस्वरूप अपने आसपास के लोगों के साथ ही समन्वय स्थापित करने में सुगमता रहती है।
- प्रकृति के साथ दोस्ताना व्यवहार कीजिए। कुदरती चीजों से घुल-मिल जाइए। सूर्यास्त के समय डूबते हुए सूर्य की लालिमा को निहारिए अथवा आकाश में रेस लगाते बादलों को देखने में समय बिताइए।

हमें ध्यान रखना चाहिए कि मनुष्य ने घड़ी द्वारा जिस समय की रचना की है, उससे भी कहीं अधिक प्राचीन और अधिक स्थिर रहने वाला काम है। जो लोग प्रकृति के साथ एकरस होकर जीने के इच्छुक हैं, उन्हें यह बात स्पष्ट रूप से समझ लेनी चाहिए कि प्रकृति का समय ही इस संसार

का निर्माता है और हमें उसकी कदापि उपेक्षा नहीं करनी चाहिए। हमने कलपुर्जों के सहारे चलने वाला समय बनाया है, जिसके द्वारा हमारा समाज स्वयं को घड़ियों के घेरे में बंद कर लेता है। अब ये हम पर निर्भर करता है कि हम समय के दास बन जाएँ अथवा समय को दास बना लें।

संसार में सबसे बड़ी बात जो मनुष्य कर सकता है, वह यह है कि जैसी भी व्यवस्था में वह रखा गया है और जैसी भी सामग्री उसके पास है, उसे अधिक-से-अधिक मात्रा में और उत्तम-से-उत्तम प्रकार से काम में लाए। इसी का नाम सफलता है। यही वास्तविक नेतृत्व क्षमता है।

हमारी व्यक्तिगत व्यवस्था या स्थिति का हमारे बहुत से कार्यों पर प्रभाव तो अवश्य पड़ता है; परंतु वह व्यवस्था हमारे विकास या बुद्धि को रोकती नहीं है। गेहूँ (अन्न) का पका हुआ एक खेत आपके सामने है। जैसी भी व्यवस्था जमीन, खाद और पानी की थी, उसी के अनुसार यह खेत पका है। परिस्थितियों का इतना प्रभाव गेहूँ पर अवश्य पड़ा, परंतु परिस्थिति ने गेहूँ को मक्का नहीं कर दिया—गेहूँ का गेहूँ ही रहा।

इसी प्रकार हमारी परिस्थिति हमारी प्रकृति को नहीं बदल सकती; प्रकृति हमारे व्यक्तित्व का एक अंग है और उस पर हमारा प्रभुत्व है। हमारी परिस्थितियाँ बदलती रहती

हैं और हमारी व्यक्तिगत प्रकृति से लाभ उठाती रहती है। यदि हम गेहूँ हैं, तो मक्का नहीं हो सकते, यदि मक्का हैं, तो गेहूँ नहीं हो सकते। परंतु यदि हम गेहूँ हैं, तो यथाचित समय पर जमीन जोतने, खाद-पानी ठीक समय पर देने से उत्तम गेहूँ तो अवश्य हो सकते हैं। यदि हम ज्वार हैं, तो किसी प्रकार उत्तम ज्वार तो अवश्य हो सकते हैं। हम अपनी वास्तविक क्षमताओं एवं प्रकृति में थोड़ी सी सजगता के साथ क्रांतिकारी परिवर्तन कर सकते हैं।

तात्पर्य यह है कि मनुष्य जिस परिस्थिति में है, उसी को अनुकूल बना सकता है। उसी स्थिति में अपना सर्वश्रेष्ठ योगदान देकर नाम व दाम अर्जित कर सकता है। यही करना चाहिए। देश और दुनिया को बदलने वाले महान नेताओं ने यही किया है।

□

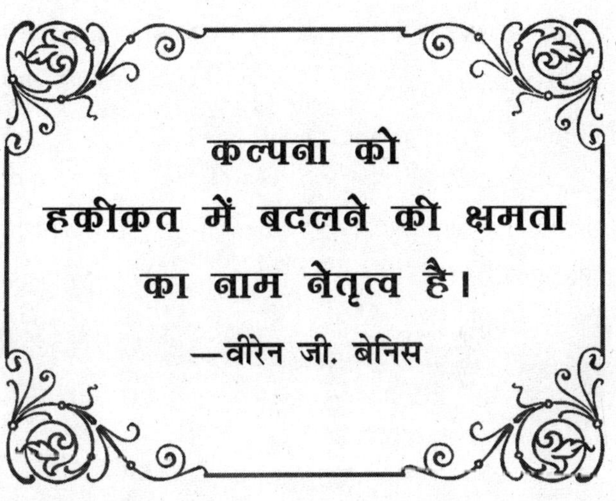
कल्पना को
हकीकत में बदलने की क्षमता
का नाम नेतृत्व है।
—वीरेन जी. बेनिस

3

मनवाइए अपनी बात

> *लोगों की बात को मानना कोई कमाल नहीं, कमाल तब है, जब आप प्रतिकूल परिस्थितियों को परास्त करते हुए अपनी बात मनवाने में कामयाब हो जाएँ।*
>
> **—सत्यार्थ सूत्र**

आदर्श नेतृत्व का तीसरा स्वर्णिम सूत्र है—मनवाइए अपनी बात।

किसी भी संगठन अथवा देश के लिए नेतृत्व प्रदान करने वाले व्यक्ति के प्राथमिक गुणों में अपनी बात मनवाने का गुण भी शामिल है। समाज हो चाहे राजनीति, व्यापार

अथवा सेल्स सभी जगह वही लोग कामयाब रहे हैं, जिन्हें अपनी बात मनवाने का हुनर आता है।

बहुत से अध्ययनों के बाद शोधकर्ता इस निष्कर्ष पर पहुँचे हैं कि अपनी बात मनवाने की कला को जाने-पहचाने तरीकों से पैदा किया जा सकता है। यह एक ऐसा हुनर है, जिसे कोई भी अपना सकता है और इसके प्रयोग से अपनी समस्याओं से निजात पा सकता है।

यहाँ सबसे जरूरी बात यह है कि हमें ध्यान रखना चाहिए कि बात मनवाने का तरीका अपने आप कोई तिकड़मबाजी नहीं है, यह अपने विचारों को सही वातावरण पैदा करके प्रभावपूर्ण तरीके से दूसरों के सम्मुख प्रस्तुत करना है। अपनी दिनचर्या में अपनी बात मनवाने के लिए हम निम्नलिखित उपायों को अमल में ला सकते हैं—

संवाद बनाए रखिए

बहुत बार हमारी छोटी-छोटी समस्याएँ भी, उन पर ध्यान न दिए जाने की वजह से बड़ी होती चली जाती हैं। ये भी देखने में आया है कि जिस मुद्दे को शुरुआती दौर में मामूली सी बातचीत से सुलझाया जा सकता था, वह बाद में कोर्ट-कचहरियों तक खिंचा फिरता है और अंत में जब हमारे आस-पास के चार समझदार व्यक्ति मिल बैठकर

उसका फैसला करते हैं, तब हमें अहसास होता है कि हमने अपना कितना समय व पैसा यूँ ही व्यर्थ में बर्बाद किया?

कल्पना कीजिए की आप अपने पड़ोसी से उस पेड़ के बारे में बातचीत करना चाहते हैं, जो आपके घर के पिछले हिस्से में झुक आया है। इसलिए आपके पास दो विकल्प हैं, उससे बातचीत करने के लिए या तो आप उसके घर जाएँगे अथवा उसे अपने यहाँ बुलाएँगे। दूसरों के घर जाने की अपेक्षा अपने घर में अपनी बात से दूसरे को ज्यादा अच्छी तरह कायल किया जा सकता है। इसलिए चतुर व्यक्ति महत्त्वपूर्ण बैठकें दूसरों के बजाय अपने ही घर में करना ज्यादा उचित समझते हैं। मनोवैज्ञानिक विषयों पर अध्ययन करने वाले व्यक्तियों ने भी यह सिद्ध किया है कि यह वास्तव में एक सफल युक्ति है।

बाल्टीमोर, मैरीलैंड में हाल ही में किए गए एक शोध में मनोवैज्ञानिक राल्फ टेलर तथा उनके सहयोगी जॉसफ लैनी ने दूसरों पर प्रभाव उत्पन्न करने की क्षमता का अध्ययन करने के लिए हापकिंस यूनिवर्सिटी के 60 विद्यार्थियों पर परीक्षण किया। उन्होंने विद्यार्थियों को तीन समूहों में बाँटकर अध्ययन किया। इन समूहों में से एक समूह दूसरे को प्रभावित करने की क्षमता की दृष्टि से हीन था। दूसरा साधारण कोटि का, जबकि तीसरा उच्चस्तरीय था।

इन विद्यार्थियों से कहा गया कि वे बहस के बाद यह सुनिश्चित करें कि यूनिवर्सिटी के बजट में की जाने वाली कटौतियों में से कौन सी 10 कटौतियाँ सर्वाधिक उपयुक्त होंगी। उनमें से आधे समूहों ने अपने उस सदस्य से घर पर बातचीत की, जो दूसरों को सर्वाधिक प्रभावित कर सकता था। शेष आधे सदस्यों ने उन सदस्यों के घर वार्तालाप किया, जो सबसे कम प्रभावित कर सकते थे।

औसतन मेहमानों की राय पर मेजबानों की राय हावी रही, भले ही मेजबान वो रहे हों, जो दूसरों को सबसे कम प्रभावित कर सकते थे और जिनके विचारों का शुरू में ही विरोध किया गया था। यदि अपने घर अथवा कार्यालय में वार्तालाप करना संभव न हो तो हमें ऐसा स्थान चुनना चाहिए, जो न हमारा घर हो न ही दूसरे व्यक्ति का। ऐसे में किसी तीसरे स्थान पर अथवा किसी सार्वजनिक पिकनिक स्पॉट की बेंच पर बैठकर बातचीत की जा सकती है।

आप किसी याचिका पर हस्ताक्षर करने के लिए जा रहे हैं, तब क्या आप अपने बाल सँवारेंगे या टाई की मैचिंग का ख्याल रखेंगे। वस्तुतः हम सोचते हैं कि किसी भी प्रकार के दिखावे के बजाय हमारे विचारों का ज्यादा प्रभाव पड़ता है, परंतु शोध से आए नतीजे इस तथ्य के विपरीत हैं। मनोवैज्ञानिक शैली चैकन ने एक शोध के दौरान यूनिवर्सिटी

ऑफ मासाचुसेट्स, ऐमहर्स्ट में स्वेच्छा से सम्मिलित 68 विद्यार्थियों से कहा कि उनमें से प्रत्येक चार-चार राहगीरों से मिलेगा और उन्हें इस बात पर राजी करने की कोशिश करेगा कि यूनिवर्सिटी के भोजन कक्ष में सुबह के नाश्ते और दोपहर के भोजन में मांस परोसने के विरोधी गुट का समर्थन करे। इन विद्यार्थियों के शारीरिक दिखाव-बनाव, बातचीत में प्रवाह, विश्वसनीयता तथा अपने सामने वाले को प्रभावित करने की क्षमता का जायजा पहले ही ले लिया गया था। अधिक आकर्षक विद्यार्थी कम आकर्षक विद्यार्थियों के मुकाबले दूसरों को प्रभावित करने में ज्यादा कामयाब रहे।

दरअसल हमारी वेश-भूषा चाल-ढाल, बात करने का लहजा, एक-दूसरे के साथ पेश आने का तरीका, औरों को हमारे व्यक्तित्व के बारे में बहुत कुछ स्पष्ट बता देता है। जिन व्यक्तियों ने वरिष्ठ अधिकारी पद के लिए आयोजित होने वाली विभिन्न परीक्षाओं अथवा साक्षात्कारों में हिस्सा लिया है, वे इस बात को भली-भाँति जानते हैं कि हमारे व्यक्तित्व में हमारी वार्डरोब (पहनावे) का कितना बड़ा हाथ है। सिर्फ सलीकेदार ढंग से पहने गए परिधान ही पर्याप्त नहीं हैं। हमें अपने रूप-रंग व शारीरिक कद-काठी के मुताबिक वस्त्रों के रंगों व उनकी क्वालिटी आदि के चयन में भी सतर्कता बरतनी चाहिए। प्रभावपूर्ण ढंग से नेतृत्व करने

के अभिलाषी व्यक्तियों को चाहिए कि वे इस दृष्टिकोण से भी अपने व्यक्तित्व का मूल्यांकन करें। आवश्यकता पड़ने पर किसी विशेषज्ञ से व्यक्तित्व एवं रंग से संबंधित परामर्श लिया जा सकता है। रंग थेरेपी पर काम करने वाले विशेषज्ञों की मान्यता है कि हम रंगों द्वारा किसी भी व्यक्ति की सोच, उसकी आदत, उसका व्यवहार, विश्वास, चरित्र व अन्य मामलों की सही–सही भविष्यवाणी कर सकते हैं।

दूसरों की रुचि परखिए

किसी की व्यक्तिगत रुचि को बदलने के मामले में अनेक शोधकर्ता इन नतीजों पर पहुँचे हैं कि इसके लिए कोशिश करने वाला व्यक्ति अपने श्रोता से जितना गहरा जुड़ाव स्थापित करने में कामयाब रहता है, श्रोता उतना ही अधिक प्रभावित होता है। दरअसल इसकी वजह हमारी सहज प्रवृत्ति है कि जब कोई अपना जो भी बात कहता है, हम उस पर सहज ही विश्वास कर लेते हैं।

एक शोध के बाद मनोवैज्ञानिक डोनाल्ड जे. मोनी ने अपनी रिपोर्ट के जिन अंशों को प्रकाशित किया है, उसकी चर्चा करना यहाँ उचित है। उन्होंने यह पता लगाया कि ऊँचे दर्जे के सेल्समैन अपने ग्राहक की आवाज के लहजे, सुर और बोलने के ढंग को अपना लेते हैं और वे उसी शारीरिक

अभिव्यक्ति, भाव-भंगिमा और मन:स्थिति को प्रतिबिंबित करते हैं। अनजाने में वे ग्राहक की तरह साँस भी लेने लगते हैं। तथ्य यह है कि अच्छे सेल्समैन किसी सूक्ष्म जैव पुनर्निवेशन यंत्र की तरह काम करते हैं और ठीक वैसे ही संकेत प्रेषित करते हैं जैसे ग्राहकों की ओर से वे प्राप्त करते हैं।

दिलचस्पी को भाँपिए

दूसरों के अनुभवों को भी महत्त्व दें, आप अपने पड़ोस के नये दंपती को किसी सामाजिक अभियान में शामिल करने के लिए तैयार करना चाहते हैं परंतु उनको इस काम में दिलचस्पी नहीं हैं, उनकी दिलचस्पी जगाने का सबसे अच्छा तरीका क्या है?

आम आदमी तो एकदम से तर्क-वितर्क शुरू कर देंगे परंतु जो व्यक्ति इस कला में निपुण हैं, वो पहले संबंधित लोगों में विश्वास का वातावरण तथा कार्य के प्रति लगाव पैदा करने का काम करते हैं। सामने वाला व्यक्ति अगर किसी बात के बारे में ऐसी परेशानी जाहिर करता है, तो यह कहना चाहिए कि मैं समझता हूँ आप ऐसा क्यों महसूस कर रहे हैं, मुझे भी ऐसा ही लगता है।

ऐसा करके हम सामने वाले की भावनाओं के प्रति अपने आदर को व्यक्त करते हैं। इससे वह व्यक्ति शीघ्र ही हमारे

प्रति अपने आदर को व्यक्त करता है। इससे वह व्यक्ति हमारे प्रति जुड़ाव महसूस करने लगता है। कोई भी कुशल प्रेरक दूसरे व्यक्ति द्वारा उससे तर्क पर किए गए एतराज की अवहेलना नहीं करेगा। वह उसकी दलील को दोहराएगा और कहेगा, उसमें सार है और इसके बाद ही वह अपने विचारों को बेहतर साबित करने की कोशिश करेगा। अनेक अध्ययनों के बाद जो निष्कर्ष निकले हैं, उनसे यह सिद्ध होता है कि जब भी किसी नतीजे पर पहुँचने से पहले बात के दोनों पक्षों को स्पष्ट कर दिया जाता है, तब बात आसानीपूर्वक मनवाई जा सकती है।

आप अपने स्थानीय विद्यालय की संचालन समिति के सदस्य हैं और आपको समिति की बैठक में स्कूल का बजट बढ़ाने का प्रस्ताव रखना है। स्पष्ट है कि यह प्रस्ताव अन्य सदस्यों को पसंद नहीं है, ऐसी स्थिति में आपको क्या करना चाहिए? इस स्थिति में आप का कार्य सिर्फ अपना मत प्रकट कर देने भर से नहीं चलेगा, आपको अपने पक्ष के समर्थन में ठोस तथ्य प्रस्तुत करने होंगे। आपको इस बात का भी ध्यान रखना चाहिए, जो व्यक्ति आपके तथ्य से प्रभावित होंगे, वे यह भी जानने को उत्सुक होंगे कि यह तथ्य आपने कहाँ से अर्जित किया, क्योंकि तथ्यों के साथ-साथ उनके स्रोतों की विश्वसनीयता का भी बराबर महत्त्व होता है।

बात सिर्फ इतनी सी नहीं है कि लोग कुछ स्रोतों पर विश्वास करते हैं, कुछ पर नहीं। वास्तविकता यह है कि जब वे ठोस और बहुत विश्वसनीय स्रोतों का जिक्र सुनते हैं, तो नई जानकारी के सामने अपने पूर्वाग्रहों से चिपके नहीं रह पाते परंतु विशेषज्ञों का हवाला देने के मामले में सीमा नहीं लाँघनी चाहिए। बहुत से लोग अपनी बात को अधिक प्रभावशाली बनाने के लिए ऐसी बातों को कह देते हैं, जिन्हें सिद्ध करना संभव नहीं। तात्कालिक लाभ के लिए अपनाया गया यह दृष्टिकोण अंततः नुकसानदायक साबित होता है। इसका एक पक्ष यह भी है कि एक बार झूठे व डींग हाँकने वाले के रूप में हमारी छवि बनने के बाद फिर हमारे द्वारा कही गई सही बातों पर भी लोगों को यकीन नहीं होता। यहाँ यह तथ्य भी याद रखने योग्य है कि जरूरत से ज्यादा सूचनाएँ भी श्रोताओं को विमुख करती हैं।

अपनी बात को प्रभावपूर्ण तरीके से प्रस्तुत करने के हुनर में यह भी शामिल होता है कि आप अपने विषय से संबंधित कितने प्रसंग व उदाहरण पेश कर पाते हैं। उदाहरण व कहानियों की मदद से अपने विचार व दृष्टिकोण के साथ लोगों को सुगमतापूर्वक सहमत किया जा सकता है। आप किसी अनजान व्यक्ति को अपनी कार बेचने की कोशिश कर रहे हैं। कौन सी बात अधिक प्रभावशाली रहेगी, आपके

मॉडल की कार एक लीटर पेट्रोल में कितने कि.मी. चलती है या यह कि पिछली बार लंबी यात्रा में एक लीटर पेट्रोल में कितनी दूर तक चली?

दूसरों से अपनी बात मनवा लेने में कुशल लोग जानते हैं कि सबूतों, आँकड़ों और आम सिद्धांतों के बजाय व्यक्तिगत उदाहरणों और अनुभवों की चर्चा से लोग अधिक प्रभावित होते हैं। एक बार त्वचा संबंधी मामूली से रोग के लिए त्वचा रोग विशेषज्ञ एक डॉक्टर ने एक दवा लेने की सलाह दी। मैंने शंका प्रकट की यह खतरनाक तो नहीं रहेगी। डॉक्टर ने बहुत से प्रमाण दिए लेकिन मेरा संदेह बना ही रहा। अंत में डॉक्टर ने कहा—"मैं खुद इसे खाता रहता हूँ। बस मेरी शंका का समाधान हो गया।"

□

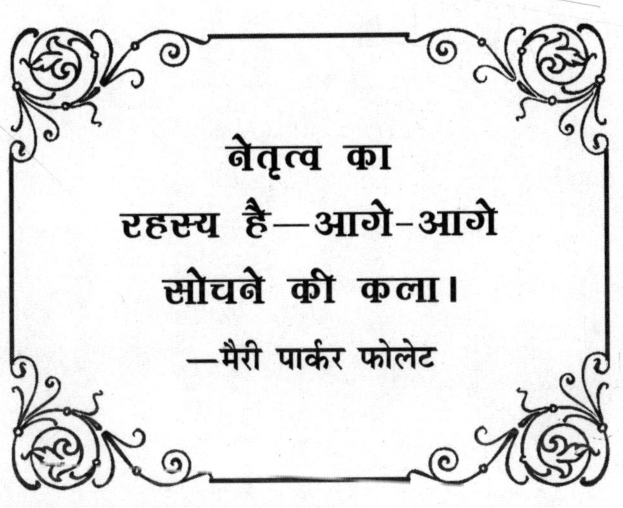

नेतृत्व का
रहस्य है—आगे-आगे
सोचने की कला।
—मैरी पार्कर फोलेट

माफ कीजिए...!

माफ करना शक्तिशाली व्यक्ति का प्रतीक है।
—शेख सादी

नेतृत्व क्षमता के प्राथमिक गुणों में चौथा गुण है—माफ कीजिए।

बहुत बार हम सिर्फ इसलिए अस्वीकार कर दिए जाते हैं कि हम जाने-अनजाने में की गई अपनी त्रुटियों को पहचान नहीं पाते और इससे भी बड़ी भूल तब होती है, जब हम अपनी त्रुटियों को पहचानते हुए भी उन्हें दूसरों पर व्यक्त कर उनसे माफी नहीं माँग पाते। क्षमा माँगना तथा क्षमा करना दोनों ही हमारे व्यक्तित्व की विशालता को प्रकट करते हैं।

सच्चे दिल से माँगी गई क्षमा सिर्फ अपनी कमी मान लेने भर से कहीं ज्यादा महत्त्वपूर्ण है। यह बात स्पष्ट करती है कि संबंधों में आने वाली दरार की आशंका से आप अशांत हैं और उसके लिए खुद को क्षमा पात्र समझते हैं। आपको मनोवैज्ञानिक रूप से वह बात पचती नहीं और आप इस अनबन के मूल को ही उखाड़ फेंकना चाहते हैं। तभी तो व्यवहार कुशल लोग एक पल भी गँवाए बिना कहते हैं 'आई एम सॉरी।'

तीन शब्दों का यह वाक्य बहुत असर दिखाता है। इसका इस्तेमाल आसान काम नहीं है। अपनी गलती मान लेने में काफी तकलीफ होती है लेकिन इसके साथ ही यह भी सच है कि एक बार हिम्मत करके जो इस तकलीफ को सह जाते हैं, वे समाज में सफल व लोकप्रिय व्यक्तियों की श्रेणी में आने लगते हैं। अपने अहंकार को ताक पर रखने का साहस जुटाइए तो बहुत जल्दी आपको देखने को मिलेगा कि आपका मन बहुत शांत और हृदय अत्यंत निर्मल हो गया।

दरअसल क्षमा माँगना और क्षमा करना दोनों ही विशिष्ट गुण हैं, जो हमें कामयाब लोगों की श्रेणी में शामिल करने में सहायक होते हैं। इनसान होने के नाते हमें दूसरों को माफ करने की कला भी आनी चाहिए। कभी एकांत में बैठकर ठंडे दिमाग से विचार कीजिए और अपने अतीत में झाँक

कर देखिए, यदि आप का नजरिया स्वस्थ और ईमानदारीपूर्ण है, तो आपको लगेगा कि आपने कितनी बार अपने दोस्तों का दिल दुखाया है, निर्णय लेने में असावधानी बरती है तथा औरों के लिए कड़वे बोल बोले हैं। आगे निकलने की होड़ में आपने अपनों से ही दगाबाजी की है।

जरा यह भी याद करने की कोशिश कीजिए कि अपनी परिस्थितियों में आपने कितनी बार पश्चात्ताप किया है अथवा अपनी भूलों के लिए माफी माँगी है? क्या सोचने लगे आप? क्योंकि मैंने यह पूछ लिया है, है न दिल में किसी गलती का कोई दाग बाकी? आपको तो पता भी नहीं! फिर यह दाग कहाँ से आया?

वास्तव में होता क्या है, इधर हम अन्याय करते हैं उधर हमें पता भी नहीं चल पाता। हमारे अंतर्मन में हमारी चेतना उस अन्याय को दर्ज कर लेती है। कुछ गड़बड़ हुई है। इसके साथ ही मानसिक शांति भंग हो जाती है और नैतिक मूल्यों का संतुलन डगमगा जाता है और यह तब तक रहता है, जब तक गलती में सुधार नहीं हो जाता और आपको बता दूँ कि गलती में सुधार का सबसे अच्छा तरीका है खुले तौर पर उसे स्वीकार करना तथा उसके लिए खेद जताते हुए माफी माँगना।

प्रायश्चित्त एक दवा

मेरे एक चिकित्सक मित्र ने मुझे एक घटना सुनाई, जिसका जिक्र करना मैं यहाँ जरूरी समझता हूँ। उन्होंने बताया कि एक मरीज उनके क्लीनिक पर आया। उसे तरह-तरह की बीमारियाँ थी। सिर दर्द, अनिद्रा, गैस की परेशानी तथा चक्कर आना आदि परंतु चिकित्सक उसकी इन सब बीमारियों का कोई शारीरिक कारण नहीं खोज सके थे। हारकर चिकित्सक मित्र ने उससे कहा, "आप स्पष्ट रूप से बताइए कि आपके मन में क्या बात दबी है, तब मैं शायद आप का सही-सही इलाज कर सकूँगा।"

पहले तो वह मरीज टाल-मटोल करता रहा लेकिन अंततः उसने उगल ही दिया कि वह अपने भाई को धोखा देने में लगा हुआ है। उसका भाई अमेरिका में रहता था और वह मरीज पैतृक संपत्ति की देखभाल करता था। इसके अलावा विभिन्न मदों में मिलने वाले पैसों का हिसाब-किताब भी वही रखता था, मौके का फायदा उठाकर उसने भाई के हिस्से में भी हेरा-फेरी करनी शुरू कर दी।

मेरे चिकित्सक मित्र को सामाजिक व्यवहार का गहरा अनुभव है तथा वे अत्यंत सुलझे हुए व्यक्ति हैं। वे एकदम से समस्या की गहराई में जा पहुँचे और उसी वक्त उस मरीज से उसके भाई के नाम पत्र लिखवाया। पत्र के मजमून

में उस व्यक्ति ने अपने सभी कारनामों को स्वीकार करते हुए अपने भाई से क्षमा याचना की थी। चिकित्सक ने उससे पश्चात्ताप के रूप में घोटाले की राशि का एक चेक भी साथ ही में रखवा दिया। इतना ही नहीं चिकित्सक अपने साथ ही मरीज को कोरियर एजेंट तक ले गए और अपने सामने ही कोरियर भी करवाया। कोरियर वाले को लिफाफा सौंपते समय वह व्यक्ति फूट-फूट कर रोने लगा, रुँधी आवाज और भरे हुए गले से उसने डॉक्टर साहब का धन्यवाद अदा किया। साथ ही उसने अब तक यह बात किसी को न बताने का भी अफसोस जाहिर किया।

तीन दिन बाद वह फिर डॉक्टर से मिला। उसका कहना था कि 'मेरी सब बीमारियाँ दूर हो गईं।'

वास्तव में वह अच्छा हो गया था। साफ दिल से अपनी गलतियों के लिए माँगी गई माफी हमें दो तरह से लाभ देती है। एक ओर जहाँ हमारे टूटे हुए संबंध फिर से पक्के हो जाते हैं, वहीं हम मानसिक रूप से भी खुद को अधिक ताक़तवर व अधिक शांत अनुभव करते हैं।

बहुत बार हम अपनी गलतियाँ इसलिए स्वीकार नहीं कर पाते कि हमें भय होता है कि कहीं सामने वाला व्यक्ति हमारी भावनाओं को अस्वीकार न कर दे। परंतु ऐसा बहुत कम होता है।

रहीम ने इसी परिप्रेक्ष्य में बड़प्पन को प्रतिपादित करते हुए लिखा है—

'क्षमा बड़न को चाहिए, छोटन को उत्पात।'

ईसा मसीह ने भी क्षमा के महत्त्व को इन शब्दों में व्यक्त किया है—'क्षमा सिर्फ सात बार ही नहीं, सात की सत्तर गुणा बार करनी चाहिए।'

हमारे हिंदू धर्म ग्रंथों में भी धर्म के 10 लक्षणों में से प्रथम लक्षण क्षमा है। जैन धर्म में क्षमावाणी के रूप में बाकायदा एक पर्व का आयोजन किया जाता है, जिसमें व्यक्ति अपनी जानी-अनजानी भूलों के लिए अपने मिलने-जुलने वाले दोस्तों से क्षमा प्रार्थना करता है। सभी धर्मों में क्षमा को अत्यधिक महत्त्व दिया गया है। तभी तो प्रत्येक महान व्यक्ति ने क्षमा का इतना गुणगान किया। क्षमा में बहुत ताकत है। यह हमारे हृदय से हर तरह के दुर्भाव को हटाती है, क्योंकि जब तक मन में दुर्भावना रहेगी, तब तक शांति नहीं मिल सकती है। जैन धर्म में क्षमा के लिए बाकायदा एक पर्व मनाया जाता है, जिसमें व्यक्ति सभी लोगों से अपने जाने-अनजाने कार्यों के लिए लिखित क्षमा याचना करता है।

यह बात सभी जानते हैं कि अशांति व क्रोध हमारे जीवन के सबसे बड़े शत्रु हैं। बहुत से लोगों को अपनी

भूलों का जब अहसास होता है, तो हृदय में माफी माँगने की भावना उठती है। लेकिन वे अपनी बात नहीं कह पाते। कुछ लोगों को इस बात में भी दुविधा होती है कि ये महत्त्वपूर्ण शब्द कैसे कहे जाएँ, 'सॉरी, मुझे खेद है, माफ कीजिए, क्षमा कीजिए, क्षमा प्रार्थी हूँ, आशा है आप माफ करेंगे।'

जो लोग अपनी भावनाओं को शब्दों द्वारा व्यक्त करने में असमर्थता महसूस करते हैं, वे अपना काम संकेतों द्वारा भी चला सकते हैं। कलह व झगड़े के दौरान कही गई कँटीली बातों की चुभन कम करने का सबसे अच्छा उपाय किसी को फूल भेंट करना है। तकिये के नीचे अथवा भोजन की थाली के साथ रख दिया गया छोटा सा उपहार खुद ही पूरी कहानी कह देता है।

गलतियों के लिए अफसोस, एक सहज स्नेह की आकांक्षा, हाथ से स्नेहमयी स्पर्श टूटे संबंधों को जोड़कर उनमें नई पुलक भर सकते हैं। हृदय का यह मौन प्रेम सदैव प्रभावशाली व तीव्र असरकारक रहा है। हमें यह भ्रम भी मन से निकाल देना चाहिए कि क्षमा माँगने पर हम दूसरों से छोटे हो जाएँगे अथवा इसमें हमारा अपमान है। सच्चाई तो यह है कि ऐसा करके आप कहीं अधिक ईमानदार और कहीं अधिक मानसिक रूप से परिपक्व होने का सबूत देते हैं। जो झुकते हैं, वही दूसरों को दे पाते हैं।

'जो अहले ज़र्फ़ हैं, वे सबसे झुक के मिलते हैं,
सुराही सर के बल झुकती है, तब भरता है पैमाना।'

दूसरे शब्दों में कहें तो जिनमें कुछ होता है, वही झुकते हैं। आपने फलों से लद कर झुकने वाले वृक्षों को तो देखा ही होगा।

गिट्सबर्ग के भयंकर रक्तपात के दुष्परिणामों पर रोबर्ट ई.ली. ने अपने थके-हारे सिपाहियों के सामने यह स्वीकार किया था कि विजय प्राप्त न कर सकने की सारी जिम्मेदारी उसकी खुद की है। हैरी टुमन के बारे में विंस्टन चर्चिल का नजरिया पहले बहुत अच्छा नहीं था परंतु जब उन्हें इस बात का अफसोस हुआ तो उन्होंने स्वयं टुमन से कहा 'मैंने आपकी प्रतिभा को बहुत कम आँका था।'

आपने देखा कि कितनी खूबसूरती से चर्चिल ने एक ओर जहाँ अपनी गलती का एहसास किया वहीं दूसरी ओर टुमन को उचित श्रेय भी दिया।

ध्यान रखिए, जब तक गलती मानने के पीछे सच्ची भावना नहीं होगी, तब तक उसका समुचित असर भी पैदा नहीं होगा। औपचारिकतावश सॉरी कह देने भर से काम नहीं चलता। हमारा रोम-रोम इस बात को कहते हुए प्रतीत होना चाहिए कि वास्तव में हम संबंधित बात के प्रति शर्मिंदा हैं। अतः सॉरी कहने से पहले अपना मन पक्का कर लें। जाँच-

परख लें कि आपका मन और वचन एकाकार हैं भी या नहीं? कुछ लोग क्षमा माँगने को चाटुकारिता अथवा असम्मान की स्थिति तक ले जाते हैं। यह इसका विकृत रूप है। हमें पता होना चाहिए कि क्षमा माँगते समय हमारे स्वाभिमान पर कोई चोट न पहुँचे। आप क्षमा को पूरे मान-सम्मान के साथ माँगिए। इसके लिए किसी के पैरों पर गिरने की जरूरत नहीं। आप को पता होना चाहिए कि आप बिगड़ी हुई बात को बनाने की कोशिश कर रहे हैं। इसलिए आदर के पात्र हैं।

जैसे ही आपको यह स्पष्ट हो जाए कि माफी माँगना उचित है, तब जितनी जल्दी हो सके इस काम को कर डालिए, क्योंकि इसमें जितना विलंब होगा, यह काम उतना ही कठिन मालूम होगा। कई बार वक्त का फासला इस काम को नामुमकिन भी बना देता है। यदि आपको यह लगे कि किसी मित्र, रिश्तेदार या परिवार के किसी व्यक्ति को अपनी गलती के लिए आपसे माफी माँगनी चाहिए थी परंतु वह ऐसा नहीं कर रहा है, तब आप शांत रहिए, आपको नाराजगी जाहिर नहीं करनी चाहिए। आपका समझदारीपूर्वक किया गया व्यवहार आपको सम्मानीय बनाता है। आप चाहें तो छोटा सा नोटस लिखकर, टेलीफोन द्वारा अथवा संदेश भेजकर अपनी राय जाहिर कर सकते हैं कि उनकी क्या बात आपको अखरी या पसंद नहीं आई।

ध्यान रखिए, आपकी नसीहत में शिष्ट शब्दों का सामंजस्य होना चाहिए। आपके संदेश से यह भी स्पष्ट होना चाहिए कि आप इस भावना को समाप्त करना चाहते हैं। परिणामस्वरूप सामने वाले के लिए माफी माँगने का मार्ग सरल हो जाएगा। इसमें ज्यादा संभावना यही है कि वह बहुत जल्द आप से कहे कि 'आई एम सॉरी।'

यहाँ यह बात भी ध्यान रखने योग्य है कि मात्र यह सोच कर क्षमा माँग लेना उचित नहीं कि इससे शांति बनी रहेगी। आधारहीन बातों का कोई मूल्य नहीं होता। खेद की भावना और क्षमा माँगने की आवश्यकता दोनों में बहुत फर्क है और आपको यह फर्क स्पष्ट दिखाई देना चाहिए।

मसलन आप किसी विभाग में प्रमुख अधिकारी हैं और अपने किसी कर्मचारी के काम पूरा न कर पाने के लिए आपको शर्मिंदगी झेलनी पड़ी हो, तो आपको इसका खेद अवश्य हो सकता है। परंतु इसके लिए अपने सीनियर से माफी माँगने की जरूरत नहीं। बहुत बार हम अपनी भावनाओं को दूसरों के भले के लिए काम करके अथवा उसे उपहार देकर भी पूरा कर सकते हैं। यह एक निश्चित सत्य है कि दुनिया के सबसे शक्तिशाली शब्दों को सूचीबद्ध करने बैठें, तो उनमें सबसे ऊपर होंगे—'सॉरी, क्षमा कीजिए, मैं माफी चाहता हूँ!' □

प्रबंधक का काम है
काम को सही करने का और
नेतृत्वकर्ता का काम है सही
काम करने का।

—पीटर ड्रूकर

5

जीतिए खुद को

जिसने खुद को जीत लिया, उसने जग को जीत लिया। ***—भगवान बुद्ध***

नेतृत्व क्षमता के प्रभावशाली गुणों में पाँचवाँ गुण है—जीतिए खुद को।

भौतिकी के एक प्रकांड विद्वान सर आइजक न्यूटन ने वर्षों के परिश्रम के बाद कतिपय भौतिकी सिद्धांत निकाले। एक रात्रि जब वे भोजन करके वापस आए, तो उन्होंने अपने सब लेखों को भस्म पाया। जाते वक्त वे लिखने के स्थान पर जलती हुई मोमबत्ती छोड़ गए थे। उनके पालतू कुत्ते डायमंड ने मोमबत्ती गिरा दी और उसी से यह सब उत्पात

हुआ। कुत्ते को संबोधित करके उन्होंने केवल यही कहा— 'डायमंड, तू नहीं जानता कि तूने मुझे क्या हानि पहुँचाई है।'

उन्होंने दोबारा परिश्रम किया और अपने सिद्धांतों को फिर से लिपिबद्ध किया।

यूनान देश के सुप्रसिद्ध पैरीकीज के मकान पर एक क्रोधी पुरुष गया और उन पर गालियों का प्रहार करने लगा। वह दोपहर से सायंकाल तक गालियाँ देता रहा, अंत में वह थक-हारकर अँधेरा होने पर अपने घर जाने लगा। पैरीकीज ने अपने एक नौकर को उसके साथ रोशनी देकर भेज दिया कि वह अँधेरे में भटक न जाए। आपने पैरीकीज की सहनशीलता देखी।

सन् 1772 में रूस के बादशाह पीटर ने एक कानून बनाया कि जो कोई सरदार अपने किसी गुलाम पर हाथ उठाएगा, वह पागल समझा जाएगा और उसे जनता और जायदाद की निगरानी के लिए राज्य की ओर से संरक्षक नियुक्त कर दिया जाएगा। इस नियम का पालन होने लगा। एक दिन बादशाह पीटर ने खुद अपने माली को पीटा। अधिक चोट आने पर कुछ दिन वह खाट पर पड़ा रहा और मर गया। जब यह समाचार बादशाह पीटर को ज्ञात हुआ तो उनकी आँखों से अश्रुधारा बह निकली और वे कहने लगे, "मैंने अनेक राज्य जीते, अपनी जनता को सुधारने के लिए

मैंने नियम बनाए और मैं अपने आपको नहीं जीत सका।"

सबसे उत्तम और महत्त्वपूर्ण विजय अपने आप पर अधिकार कर लेना है। सच्चे अर्थों में इंद्रियजनित वासनाओं, लालसाओं, क्रोध, मोह, भय इत्यादि भावों को वश में कर लेना ही आत्मविजय है। वस्तुतः हमारी वासनाएँ हमारी हीनताएँ हैं। जब तक हम अपनी वासनाओं पर विजय प्राप्त न कर लें, तब तक हम संपूर्ण मनुष्य कहलाने के अधिकारी नहीं हैं। अगर हममें क्रोध है, तो फिर शत्रु की क्या आवश्यकता है? अगर हममें ईर्ष्या है, तो हमें जलाने के लिए अग्नि की क्या जरूरत है? हम बाहरी शत्रुओं और विद्रोहियों को परास्त करने के लिए दिन-रात तकरीबें ढूँढ़ा करते हैं, तंत्र और मंत्र तक जपा करते हैं; परंतु जो शत्रु हमारे अंदर ही बैठे हमारी जड़ें काटते रहते हैं, उनसे हम अपनी रक्षा नहीं कर पाते।

जीवन को सफल बनाने के लिए जितना स्वावलंबन आवश्यक है, उतना ही आत्मसंयम भी है। मनुष्य की इंद्रियाँ उसे रात-दिन अपनी ओर खींचती रहती हैं। जिह्वा चाहती है कि अच्छे-अच्छे स्वादिष्ट भोजन और तरल द्रव्य, शर्बत, शराब खाने-पीने को मिलते रहें। कान सदा मधुर वचन और गायन सुनने के लिए हमें प्रेरित करते रहते हैं। हमारी नासिका यही चाहती है कि हमें अच्छी-अच्छी सुगंधित वस्तुएँ सूँघने

के लिए मिलें। इसी प्रकार कामेंद्रिय हमें व्यभिचार की ओर प्रवृत्त करती रहती हैं। इसमें संदेह नहीं कि इंद्रियजनित वासनाओं की पूर्ति में हमें सुख मिलता है और सुख के हेतु ही संसार में सबकुछ किया जाता है। परंतु प्रश्न तो यह है कि जिसका समाधान करने को समस्त ज्ञानी संसार सदा से लगा हुआ है, वह इंद्रियजनित सुख स्थायी है या अल्पकालीन? वस्तुतः वह सुख यदि स्थायी हो तो उसको प्राप्त करने के लिए जितना भी परिश्रम किया जाए कम है परंतु यदि वह थोड़ी देर में ही समाप्त हो जाए और वह हमें किसी कष्ट में छोड़ जाए, तो वह सुख किस काम का?

चटोरी जबान स्वादिष्ट वस्तुओं के सेवन से संतुष्ट होती है। परंतु वह संतुष्टि उतनी ही देर तक है जितनी देर तक स्वादिष्ट वस्तु गले के नीचे नहीं उतरती। किसी ने कहा भी है—उतरा घाटी हुआ माटी।

इस क्षणिक जिह्वा तृप्ति से यदि यह परिणाम निकले कि हमारी पाचन शक्ति में गड़बड़ हो जाए तो उस क्षणिक सुख से हमें देर तक ठहरने वाला दुःख भोगना पड़ जाता है। एक मधुर स्वर से गाने वाली वेश्या का हमने किसी उत्सव में गाना सुन लिया। उससे जो कुछ कानों को क्षणिक आनंद प्राप्त हुआ, उतना तो ठीक है। परंतु यदि हमारी कर्णेंद्रिय हमारे ऊपर इतना अधिकार जमा ले कि हम उस वेश्या के

मधुर गीत सुनने के लिए उसके घर जा पहुँचें और उससे परिचय प्राप्त कर गाना सुनने के लिए बार-बार जाने लगें, तो उसके संपर्क से जो परिणाम निकलेगा, वह कितना दूषित होगा। इसकी आप कल्पना कर सकते हैं।

संसार में जितने भी दु:ख होते हैं, उनमें से अधिकांश इंद्रिय-लोलुपता के कारण ही होते हैं। जब तक हम इंद्रियों की उत्तेजना से दबते या प्रेरित होते रहेंगे, तब तक हमें लालसाएँ सताए बिना नहीं रहेंगी और जब तक मन संतप्त रहेगा, उसे स्थायी सुख नहीं मिल सकता।

हमारी इंद्रियाँ चंचल घोड़े की तरह हमें मनमानी राह पर ले जाना चाहती हैं। जब तक कि इस घोड़े को हम वश में करके राह पर नहीं लगाएँगे, तब तक अपनी जीवन यात्रा को सफल नहीं बना सकते। अनेकानेक धर्मों में जो कुछ तप, व्रत, योग इत्यादि की साधनाएँ निर्धारित की गई हैं, वे जीवन यात्रा को सफल बनाने के लिए ही की गई हैं। अपने पुरुषार्थ, उद्यम, साहस, संलग्नता, विवेक इत्यादि गुणों से जो कुछ भी हम आर्थिक या आध्यात्मिक लाभ उठाते हैं, उसे इंद्रिय लोलुपता नष्ट कर देती है।

महर्षि विश्वामित्र की तपस्या का अंत इसी इंद्रिय लोलुपता ने कर दिया था। लखनऊ के नवाबों की संपत्ति और वैभव इसी इंद्रिय लोलुपता में भस्म हो गए। हम करोड़ों

रुपये कमा लें या बिना परिश्रम के ही हमें लाख रुपये कहीं से मिल जाएँ किंतु यदि हम इंद्रियों के वशीभूत हैं, तो उतना अधिक रुपया भी नष्ट होने में देर नहीं लगेगी।

इंद्रिय लोलुपता के बराबर ही मनुष्य का शत्रु क्रोध है। पाँच मिनट का क्रोध जन्म भर की मित्रता को नष्ट कर देता है। जिस समय क्रोध का वेग आता है, हम अपने आपे से बाहर हो जाते हैं। हमारे विचार कुछ-के-कुछ हो जाते हैं। क्रोध को एक प्रकार का पागलपन भी समझा जाए तो अतिशयोक्ति नहीं होगी। क्रोध को रोकना महाव्रत है। जितना ही यह रोका जाएगा उतनी मनुष्यत्व की उन्नति होगी।

क्रोध को रोकने के लिए यदि कोई उत्तम उपाय है तो वह मौन है। जबान पर काबू करना अपना ही क्रोध शांत करना नहीं है, बल्कि यह दूसरे के क्रोध को भी शांत कर देता है। ध्यान की ऊर्जा भी क्रोध को भस्म करने का काम करती है।

यदि हमें कोई अपवचन या गाली देता है तो हमें उस पर क्रोध आता है। उस समय यदि हम शांति से उस विचार को रोक लें और अपनी क्रोधाग्नि को अंदर-ही-अंदर रहने दें तो दूसरे का क्रोध घटकर स्वत: ही न्यून हो जाता है। क्रोध से क्रोध नहीं जीता जा सकता; बल्कि उलटा बढ़ता

है। क्रोध स्वरूप शस्त्र से बचने के लिए शांति एक ढाल है। क्रोध आने पर यदि हम चुप रहना सीख लें, तो हमारे जीवन की आधी तकलीफें मिट सकती हैं।

संस्कृत में कहावत हैं, 'मौनं सवार्थ साधकम्।'

□

मैं सिर्फ उतने ही
दिमाग का इस्तेमाल नहीं
करता, जितना मेरे पास है,
बल्कि वह सब भी, जो मैं
उधार ले सकता हूँ।

—वुडरो विल्सन

6

निर्णय क्षमता का विकास

आपके फैसले आपके भविष्य के परिचायक हैं। **—स्वामी विवेकानंद**

आदर्श नेतृत्व का छठवाँ स्वर्णिम सूत्र है—निर्णय क्षमता का विकास।

खूब सोच-विचार किए बिना कोई भी कार्य करना उचित नहीं। परंतु विचार ही करते रहना और कार्य न करना और भी बुरा है। लगातार विचार करना और कार्य न करना या उसे देर से करने को ही दीर्घसूत्रता कहते हैं। दीर्घसूत्रता और आलस्य में अधिक अंतर नहीं है। हम चाहे जितना विचार करें, अंत में हमें 'हाँ' या 'ना' कहना ही पड़ेगा।

'ना' करने में हमें बहुत शर्म मालूम होती है, बहुत देर लगती है और बहुत दुःख मालूम होता है परंतु कई बार 'ना' कहना भी बड़ा लाभदायक होता है।

किसी काम को करने या न करने का झमेला हमें बुरी तरह से सताता है। हम उस एक ही काम के विचार के कारण जीवन के साधारण दैनिक कामों को भी करने में शिथिल पड़ जाते हैं। वह एकमात्र विचार हमारे सिर पर भूत की तरह सवार हो जाता है और हमें डाँवाडोल कर देता है। मैं इस काम को करूँ या न करूँ? यदि इसे करूँगा तो अमुक लाभ होंगे, यदि न करूँगा तो अमुक हानियाँ होंगी आदि।

डाँवाडोल विचार हमें कुछ भी नहीं करने देते और आलसी बना देते हैं। बिना विचारे काम करना जितना बुरा है, उतना ही बुरा उस पर बहुत समय तक विचार करते रहना है। विवेक के साथ फैसला करने की क्षमता का होना अत्यंत महत्त्वपूर्ण है। अच्छे और बुरे का पता काम किए बिना कहाँ से चलेगा? जब तक कुछ करेंगे नहीं, तब तक क्या पता चलेगा कि अच्छा क्या है और बुरा क्या है? हाथ पर हाथ रखे बैठे रहने से काम कैसे पूरा होगा? संसार कार्य क्षेत्र है, अकर्मण्य बन कर बैठने के लिए नहीं है।

तभी तो भगवान श्रीकृष्ण ने गीता में कर्म पर इतना अधिक जोर दिया।

आदर्श नेतृत्व के धनी व्यक्ति दीर्घसूत्रता से बचते हैं। जो दीर्घसूत्री हो जाता है, वह स्वावलंबी नहीं रह पाता। जब मनुष्य स्वयं निर्णय नहीं कर सकता कि अमुक कार्य किया जाए या नहीं, तो उसे दूसरों का आश्रय लेना पड़ता है। फिर तो दूसरों की सहायता के बिना वह कुछ भी नहीं कर सकता।

सौ वर्ष भी दीर्घसूत्रता और आलस्य के साथ जीवन व्यतीत करने की अपेक्षा पचास वर्ष करते रहकर मरना श्रेष्ठ है।

सफलता प्राप्त करने के लिए निर्णय शक्ति का होना आवश्यक है। यह सफल नेतृत्वकर्ता का अनिवार्य गुण है। वह मनुष्य जो निश्चय करने में रुकता है, घबराता है, डाँवाडोल होता है, छोटे-छोटे घात-प्रतिघातों से विकृत होता है, पूरा पड़ने और पूरा न पड़ने के विचार से कार्य आरंभ नहीं करता, दूसरों की सम्मति लेता फिरता है, कुछ भी नहीं कर पाता। ऐसे मनुष्य को चाहे जितने अच्छे अवसर प्राप्त हों, वह अपने डाँवाडोल स्वभाव के कारण, निर्णय-शक्ति के अभाव के कारण, अनेक सुअवसरों के लाभ नहीं उठा पाता। उसमें निर्णय बल नहीं होता। वह दूसरों के हाथ की कठपुतली हो जाता है। उसका अस्तित्व और व्यक्तित्व ही नष्ट हो जाता है।

ऐसा कौन सा पेशा है, ऐसा कौन सा व्यवसाय है, जिसमें अड़चनें उपस्थित नहीं होतीं? जो किसी पेशे को करेगा,

उसको उस पेशे को करने में अड़चनों का सामना किए बिना कैसे सफलता मिलेगी?

चाहे जियो या मरो। शीघ्र निर्णय करो और उन अड़चनों से मुठभेड़ करो।

जिसमें निर्णय शक्ति नहीं होती, उसको लोग अपनाते भी नहीं हैं। उसका विश्वास नहीं करते। जहाँ किसी कार्य के करने से पूर्व उस मनुष्य का नाम आया कि लोग कह उठते हैं कि उसके पास जाकर क्या करोगे? वह 'हाँ' या 'ना' कहने में ही खूब समय लगा देता है।

कहावत प्रसिद्ध है कि—'दाता से सूम भला जो तुरंत ही देत जवाब।'

शीघ्र निर्णय करने से समय की बहुत बचत होती है। काम करने वालों को समयाभाव की शिकायत नहीं होती, क्योंकि निर्णय शक्ति से प्रेरित होकर वे अपने कार्यों को तुरंत शुरू करते हैं। परंतु आलसी और दीर्घसूत्री मनुष्यों का अधिक समय विचार करने में ही नष्ट हो जाता है और उन्हें समयाभाव की सदैव शिकायत बनी रहती है। असमंजस से उबरिए अपने फैसले तुरंत और सही समय पर करने की क्षमता का विकास कीजिए, आपके व्यक्तित्व में आने वाला परिवर्तन सभी को चौंका देगा।

□

अपने अंदर
योग्यता का होना अच्छी बात
है, लेकिन दूसरों में
योग्यता खोज पाना नेता की
असली परीक्षा है।

—अल्बर्ट हब्बार्ड

7

सेवक सच्चा नेतृत्वकर्ता

नेतृत्व व्यक्ति की प्रभावशीलता का दूसरा नाम है। **—जॉन मैक्सवेल**

एक अच्छा नेतृत्वकर्ता या लीडर बनने के लिए यह जानना बहुत जरूरी है कि क्या करना है और क्यों करना है। किसी काम को पूरा करने के लिए सिर्फ उत्साह, कौशल और सही तरीके का ज्ञान ही पर्याप्त नहीं होता। यह जानना भी उतना ही जरूरी है कि हम सही काम कर रहे हैं या नहीं।

एक ब्रिटिश सैनिक टुकड़ी दिनभर की थका देनेवाली और लंबी लड़ाई के बाद अपनी बैरक में लौटकर आई। सैनिकों के हथियार मुड़े-तुड़े थे, हेलमेट टेढ़े हो गए थे, उनके

घोड़े लँगड़ा रहे थे। सैनिक भी थके-हारे और पस्तहाल लग रहे थे।

उनका मुखिया उनके खेमे में उनसे मिलने पहुँचा। उसने योद्धाओं से पूछा, "सबकी हालत इतनी खराब क्यों लग रही है? क्या हुआ?"

एक योद्धा ने कहा, "महाराज! हम पूरा दिन युद्ध करते रहे। हमने शत्रुओं से युद्ध कर उन्हें हराया और पश्चिम दिशा में उनके कई कस्बे जलाकर नष्ट कर दिए।"

मुखिया ने आश्चर्यचकित होकर पूछा, "क्या? पश्चिम दिशा में? लेकिन उधर तो हमारा कोई शत्रु ही नहीं है। उसने लगभग चिल्लाते हुए कहा।

योद्धा यह सुनकर चुप हो गए। फिर उनमें से एक कुछ देर सोचने के बाद बोला, "यदि अभी तक नहीं थे, तो अब हो जाएँगे।"

नेतृत्व देने के लिए नैतिक नेतृत्व की जरूरत होती है। नैतिक नेतृत्व के दो मुख्य पहलू हैं—पहला अपने आपको समझना और दूसरा-दूसरों को अपनी सेवाएँ देना। एक सच्चे नेता को सबसे पहले अपनी पहचान होनी चाहिए, ताकि वह अपने भीतर मौजूद नैतिक पास की दिशा देख सके। इसीलिए सदियों से हमारे गुरुजन कहते आए हैं—पहले अपने आप को जानो।

जब आप अपने आप को जानने लगते हैं, तो आपकी पहुँच उस नैतिक पास तक हो जाती है, जो आपके भीतर है। जब आपके भीतरी दिशा का ज्ञान होता है तो वह बाहर आपके आचरण में दिखता है और दूसरे लोग आपके अनुयायी बनने लगते हैं। जब हम यह जान जाते हैं कि हमें क्या करना है तो यह उन लोगों को भी दिशा प्रदान करता है जो हमारा अनुसरण करते हैं। इसीलए जब कभी हम नेतृत्व ट्रेनिंग करते हैं, तो हमें यह कहा जाता है कि वैसा व्यवहार करो जैसा कि नेता करते हैं। यह जरूरी है कि हमारा दिल, दिमाग और व्यवहार भी सच्चे लीडर की तरह हों।

हममें से ज्यादातर लोग सवेरे उठने से लेकर रात को सोने तक दिनचर्या के विभिन्न काम करते हैं। जैसे बिस्तर से उठना, तैयार होना, नाश्ता करना, ऑफिस जाना, जीविका के लिए काम करना, घर आना और फिर उन्हीं सब कामों को दोहराना। हम जिंदगी की शुरुआत करते हैं, बड़े होते हैं, नौकरी करते हैं, परिवार बढ़ाते हैं, रिटायर होते हैं और फिर मर जाते हैं।

क्या यही मनुष्य होना है? क्या यही मानव जीवन की उपयोगिता है? सोच-विचार के बाद हम इस नतीजे पर पहुँचते हैं कि हमारे अंदर एक ऊर्जा का स्रोत है। यह स्रोत हमें मार्गदर्शन व प्रेरणा देता है। हमारी अंदरूनी आध्यात्मिक शक्ति

ही हमारे नैतिक चरित्र, हमारी शक्ति, यहाँ तक कि हमारे जीवन का स्रोत है। इससे कोई फर्क नहीं पड़ता कि इसे किस नाम से पुकारा जाता है—चाहे इसे आप ईश्वर कहें या चेतन मन, आत्मा कहें या कुछ और मगर यह शक्ति हममें से हर एक में निहित रहती है।

नेतृत्व के लिए दूसरा जरूरी गुण सेवा भाव है। जो सेवा करता है, वही नेतृत्व दे सकता है। दूसरे शब्दों में नेता का सेवक होना जरूरी है। जिनके भीतर सेवा की भावना नहीं है, जो सेवा के लिए समर्पित नहीं हैं, वे जब नेतृत्व देते हैं तो वह झूठा और निरर्थक होता है। ऐसा इसलिए होता है, क्योंकि सेवा ही वह कार्य है जो आपके भीतर ऐसी आध्यात्मिक चेतना जगाता है कि आप अपने भीतर तक देख सकें, आप अपने नैतिक के पास तक पहुँच सकें और उसकी दशा से अपनी दिशा निर्धारित कर सकें।

थोड़े बुरे हो जाएँ

अमेरिका के नेब्रास्का यूनिवर्सिटी और लिंकन्स कॉलेज ऑफ बिजनेस एडमिनिस्ट्रेशन का ताजा अध्ययन कहता है कि आपको बेशक लीडर वही पसंद हो जो ईमानदार हो, व्यावहारिक हो और शांत दिमाग से काम करता हो, लेकिन उपर्युक्त अध्ययन कह रहा है कि अगर नेतृत्व का सवाल आता है तो व्यक्तित्व

के कुछ नेगेटिव पहलू भी कारगर साबित हो सकते हैं, मसलन अहंकारी, आत्ममुग्ध या अति नाटकीय होना।

क्वाटर्ली जनरल के ताजा अंक में प्रकाशित यह अध्ययन वेस्ट पाइंट की यू.एस. मिलिट्री अकादमी के दूसरे, तीसरे और चौथे साल के 900 ऑफिसर कैडेट्स पर किया गया। यह निष्कर्ष हफ्ते-दो-हफ्ते की मेहनत से नहीं पूरे तीन साल के अध्ययन के बाद निकला है कि व्यक्तित्व के स्याह पक्ष का भी अपना महत्त्व होता है। अध्ययन के चीफ को ऑर्डिनेटर और यू.एन.एल. में मैनेजमेंट के असिस्टेंट प्रोफेसर पीटर हार्म्स ने इस संबंध में प्रसिद्ध अमेरिकी एक्ट्रेस माई वेस्ट के चर्चित कथन को खास तौर पर उद्धृत किया कि "जब मैं अच्छी होती हूँ, अच्छा काम करती हूँ, लेकिन जब मैं बुरी होती हूँ तो और भी अच्छा परफॉर्म करती हूँ।"

पहले जितने भी अध्ययन या सर्वे हुए थे, उनमें यही उभरकर आया था कि बहिर्मुखी व्यक्तिव, भावुकता के स्तर पर स्थिर होना और सजगता, ऐसे गुण हैं जो लीडर के विकास और प्रदर्शन, दोनों पर ही बहुत अच्छा प्रभाव डालते हैं लेकिन इन अध्ययन या सर्वे में व्यक्तित्व के स्याह पक्ष पर बहुत कम गौर किया गया कि क्या वे वाकई लीडर के विकास में बड़े बाधक होते हैं? क्या वे कभी फायदेमंद भी हो सकते हैं? ताजा अध्ययन का जवाब है— हाँ, स्याह पक्ष भी किन्हीं

खास परिस्थितियों में मददगार हो सकते हैं, मसलन हर कोई मानता है कि जरूरत से ज्यादा शक्की मिजाज का होना विकास और परफार्मेंस दोनों के लिहाज से बुरा होता है, लेकिन ताजा अध्ययन में पाया गया कि अति सतर्क होना और अनिश्चितता की स्थिति में रहना भी नेतृत्व कौशल को बढ़ाने में सहायक साबित हुए।

अध्ययन में हॉगन डवलपमेंट सर्वे का इस्तेमाल किया गया। इसमें अकादमी के कैडेट्स के नेतृत्व प्रदर्शन के बदलाव में सबक्लिनिकल ट्रेट्स (छुपे हुए कारक) पर बारीकी से नजर रखी गई। अध्ययन में पाया गया कि कुछ डार्क साइड माने जाने वाले कारक जैसे कि आत्ममुग्ध होना, अति नाटकीय होना, दूसरों का आलोचक होना, नियमों को लेकर हद से ज्यादा अड़ियल होना आदि हकीत में नेतृत्व क्वालिटी के विकास में अच्छा प्रभाव छोड़ते देखे गए। चीफ को ऑर्डिनेटर हार्म्स के मुताबिक इन कारकों को अकेले-अकेले देखा जाए तो उनका असर बेहद कम था लेकिन जब इन सबको जोड़कर देखा गया तो यह जानने में बड़ी मदद मिली किकिस कैडेट ने कितनी नेतृत्व क्वालिटी अपने अंदर विकसित की। व्यावहारिक दृष्टि से देखा जाए तो किसी खास तरह के जॉब या रोल में ये नेगेटिव गुण (या दुर्गुण) बड़े कारगर साबित होते दिखे। हार्म्स ने ये भी साफ किया कि यह न समझा जाए कि इन

सभी स्याह पक्षों की ओवरडोज किसी को बढ़िया लीडर बना सकते है। यह सब परिस्थितियों या माहौल की माँग पर निर्भर करता है।

अपनी क्षमता बढ़ाएँ

कुशल नेतृत्व बहुत लंबे समय से माँग में रहा है। नेतृत्व विकास पर बहुत सारी किताबें, सेमिनार, पाठयक्रम, वीडियो और प्रशिक्षक इस विषय पर अपने नजरिए से अपनी बात रखते हैं। नेतृत्व हासिल करने के लिए जब आप कठिन अभ्यास करते हैं तो दिन-ब-दिन यह आपके हित में होता है। नेतृत्व क्या है?

नेतृत्व एक प्रक्रिया की तरह है। नेतृत्व जैसा कोई पद नहीं होता है। यह व्यक्तिगत क्षमता की उपयोगिता पर पूरी तरह निर्भर करता है। इसलिए इसे कई चरणों में संपन्न किया जाता है। नेतृत्व हासिल करने के लिए दृष्टिकोण के निर्माण की जरूरत होती है। उद्देश्य और लक्ष्य निर्धारित करने की जरूरत होती है। दिशा-निर्देशित करने की जरूरत होती है। दूसरे चरण के तौर पर अपने से नीचे के लोगों को प्रभाव में लेना बहुत जरूरी होता है। वैसे कार्यों को सफल बनाने की कोशिश करनी चाहिए जिनमें दृष्टिकोण की खास जरूरत होती है। पूरी क्षमता के साथ काम में लगें।

नेता, समाज को है नेतृत्व दिया करता
संकट आएँ, वह उनको स्वयं झेलता है,
वह झोंक नहीं देता लोगों को भट्टी में
खतरे आते, वह उनसे स्वयं खेलता है।
योग्यता अपेक्षित होती है हर नेता में
अपने समाज को सही दिशा में ले जाए,
पहचान समय की नब्ज, सही निर्णय ले वह
ले सूझबूझ से काम, सफलता वह पाए।
नेतृत्व न रहता पीछे 'बढ़े चलो' कहकर
नेतृत्व सदा आगे चलकर दिखलाता है,
नेतृत्व न खाता पीछे रह शीतल बयार
वह खाता तो, छाती पर गोली खाता है।
केवल कुछ लोगों को हाँके, नेतृत्व न वह
अपने समाज को दिशा-दान वह देता है,
नेतृत्व न देता लच्छेदारी बातों को
निज आन-बान के लिए जान वह देता है।
पिछलग्गू पैदा कर लेना नेतृत्व नहीं
नेतृत्व नहीं हूँ-हूँ कर पत्थर फिकवाता,
नेतृत्व देश के दीवाने पैदा करता
नेतृत्व, लाठियों से अपने सिर सिकवाता।
नेतृत्व देखता देश-देश की खुशहाली

नेतृत्व नहीं देखता स्वयं को, अपनों को,
नेतृत्व, हमेशा खुदी मिटाकर चलता है
पालता नहीं आँखों में सुख के सपनों को।

सबसे पहले लक्ष्य तय करें और उसे पूरा करने के लिए दृष्टिकोण तैयार करने पर ध्यान दें। आपके भीतर नेतृत्व के गुण हैं या नहीं, इसकी जाँच आप कैसे करेंगे? आप अपने आपसे कुछ सवाल करें और उसका जवाब जानने की कोशिश करें।

- क्या मेरे पास कोई दृष्टिकोण है?
- मेरी इच्छाएँ क्या हैं?
- क्या मुझे उनका पता है?
- उन्हें पूरा करने की इच्छा मेरे भीतर कितनी है?
- क्या मेरे सहयोगी काम को अच्छी तरह निबटा पा रहे हैं?
- उनकी परफॉरमेंस कैसी चल रही है?
- क्या वे अपनी पूरी क्षमता के साथ काम कर पा रहे हैं या नहीं?
- मुझे अपने नजरिए के विकास के लिए किनसे मिलना चाहिए?
- क्या मुझे उन लोगों की दरकार होती है जो अच्छी परफॉरमेंस देते हैं?

इन सवालों को कसौटी मानकर आप अपनी नेतृत्व क्षमता का पता कर सकते हैं। लेकिन यह काम आपको निश्चित तौर पर नेतृत्व की नौबत आने से पहले चैक कर लेना चाहिए। उदाहरण के तौर पर, कोई व्यक्ति एक विभाग में काम करता है या किसी संगठन में काम करता है तो वहाँ उसके नजरिए का निर्माण होता है। ऐसे मामलों में किसी भी सहयोगी के बारे में कुछ अनुमान लगाना ज्यादा कठिन नहीं होता है। एक कंपनी या संगठन में काम करने वाले सभी कर्मचारियों के लक्ष्य में समानता होती है।

हम सब इस बात से सहमत हैं कि नेतृत्व का मकसद चुनौतियों से पार होना होता है। चुनौतियाँ नेतृत्व का अभिन्न हिस्सा होती हैं। महान् नजरिए ही नेतृत्व को जन्म देने का काम करते हैं। सामान्य तौर पर हर कोई बहुत कल्पनाशील नहीं होता। लोगों में प्रतिस्पर्द्धी भाव का घोर अभाव होता है। आपकी मेधा लोगों को प्रभावित करने का काम करती है। कुछ लोग बहुत कल्पनाशील नहीं होते हैं लेकिन बहुत प्रभाव छोड़ने वाले और प्रेरणा से भरे होते हैं।

बहुत-थोड़े लोग ही ऐसे होते हैं जिन्हें हर चीज वरदान के तौर पर मिलती है और साथ ही मेधा भी। बहुत महान् लोग अपने को लेकर हमेशा सजग रहते हैं। वे अपनी प्रतिभा को लेकर सजग रहते हैं। वे आत्मविश्वास को लेकर भी सजगता

बरतते हैं। वे किसी जगह अपने कौशल को लेकर कमी महसूस करते हैं तो उसे दूसरी बातों से पूरा करने की कोशिश करते हैं।

लड़कियाँ नेतृत्व में भी नंबर वन

यूनिवर्सिटी ऑफ फ्लोरिडा के हालिया शोध में पाया गया है कि लड़कों के मुकाबले लड़कियों में नेतृत्व अर्थात नेतृत्व की क्षमता अधिक होती है, फिर चाहे वह कोई भी क्षेत्र क्यों न हो। लड़कियों ने लड़कों को हर क्षेत्र में पछाड़ा है और एक बेहतरीन लीडर के रूप में अपने आप को साबित भी किया है। इस शोध में यह भी पाया गया है कि एक अच्छा लीडर बनने के लिए जितने भी गुणों की जरूरत होती है, वे सारे गुण लड़कियों में स्वाभाविकरूप से मौजूद होते हैं। जैसे-जैसे वे टीनएज में प्रवेश करती हैं उनके अंदर दूसरों को लीड करने की क्षमता बढ़ जाती है।

यदि सही समय पर उनकी इन खूबियों की पहचान कर ली जाती है, तो वे एक बेहतरीन लीडर के रूप में पहचान बना सकतीं हैं। इस रिसर्च के प्रमुख डॉ. एनरिक सैमुअल ने अपने शोध के लिए लड़के-लड़कियों का समूह तैयार किया था। तीन महीनों तक आयोजित विभिन्न मनोवैज्ञानिक टेस्ट्स के नतीजे में यह पाया गया कि अपने विचारों को दूसरे के समक्ष प्रस्तुत करने में और दूसरों को उन विचारों से सहमत करवाने

में लड़कियाँ आगे हैं।

शार्पनेस : यह बहुत ही रोचक बात है कि किसी भी क्षेत्र की बारीकियों को समझने में लड़कियाँ ज्यादा शार्प होती हैं। साथ ही वे हर सिचुएशन की बारीकी को समझकर अपनी सूझबूझ से बेहतर परिणाम निकालती हैं। यह शार्पनेस लड़कों में कम होती है।

कमिटमेंट : किसी भी काम के प्रति प्रतिबद्धता या कमिटमेंट लड़कियों में ज्यादा होता है। वे एक बार जब किसी काम को करने का निश्चय कर लेती हैं, तो उसे परिणाम तक जरूर पहुँचाती हैं।

इच्छा शक्ति : मनोवैज्ञानिक रूप से लड़कियों की इच्छा शक्ति लड़कों से ज्यादा मजबूत होती है और एक लीडर में यह गुण होना बहुत जरूरी है। बिना दृढ़ इच्छा शक्ति के कोई भी लीडर अपनी किसी भी योजना को कार्यान्वित नहीं कर सकता।

को-ऑर्डिनेशन : हर काम में सबसे ज्यादा जरूरी होता है तारतम्य स्थापित होना। एक लीडर के लिए यह जरूरी होता है कि वह अपने साथियों के साथ तारतम्य बैठा सके। इस मामले में भी लड़कियाँ लड़कों से काफी आगे हैं।

प्रोत्साहन की क्षमता : एक लीडर के लिए यह बहुत जरूरी होता है कि वह अपने साथियों का मनोबल बढ़ाते हुए सदा उनका प्रोत्साहन करता रहे। इस मामले में लड़कियाँ एक्सपर्ट

सकारात्मक सोच आदमी का वह ब्रह्मास्त्र है, जो उसके मार्ग की सभी बाधाओं को समाप्त कर सफलता का मार्ग प्रशस्त कर देता है। सकारात्मक सोच विकसित करने के सरल उपाय बताती पुस्तक।

अगर आपको ज्यादा-से-ज्यादा काम सौंपा जाता है तो यकीन मानिए, आप एक जिम्मेदार व्यक्ति हैं, क्योंकि जिम्मेदारी उसी को मिलती है, जो उन्हें निभा सकता है। सफलतापूर्वक जिम्मेदारी निभाने की क्षमता पैदा करनेवाली पुस्तक।

आत्मविश्वास वह सुरक्षा कवच है, जो हर तरह की बाधाओं के विरुद्ध आपकी रक्षा करता है, और सदैव आपको सफलता के मार्ग की ओर अग्रसर करता है। आत्मविश्वास विकसित करने की प्रेरणा देनेवाली पठनीय पुस्तक।

सफलता वह फल है, जो बहुत स्वादिष्ट है और हर कोई उसे चखना चाहता है; लेकिन यह चलकर झोली में आनेवाला फल नहीं है वरन् इस तक पहुँचने के लिए आपको कड़ी मेहनत करनी होगी। सफलता को पाने के व्यावहारिक सूत्र बताती लोकप्रिय पुस्तक।

समय-प्रबंधन में जरा भी कठिनाई नहीं है, प्रत्येक कार्य अपने तय वक्त पर किया जाए—समय पर सोकर उठना, नहाना, खाना, पढ़ाई, बाकी सारे काम निबटाना। जो व्यक्ति समय को नष्ट करता है, समय ही उसे नष्ट कर देता है। दरअसल, समय-प्रबंधन ही जीवन-प्रबंधन है। टाइम मैनेजमेंट की बेजोड़ पुस्तक।

इच्छाशक्ति मनुष्य की वह अप्रतिम शक्ति है, जो पहाड़ों के सीने चीरकर उनमें से नदियाँ बहा सकती है। प्रस्तुत पुस्तक सोई हुई इच्छाशक्ति को जगाकर लक्ष्य-प्राप्ति, सफलता और जीवन के तमाम अभीष्ट पाने का मार्ग बताती है।

मिनी Personality Development सीरीज

लक्ष्य एक छोटा सा बिंदु है, जिसके केंद्र में जीवन की सारी सफलताओं का स्रोत मौजूद है। इस बिंदु को लक्ष्य करके हर व्यक्ति अर्जुन की भाँति चिड़िया की आँख भेद सकता है। प्रस्तुत पुस्तक 'लक्ष्य' की ओर बढ़ते और बढ़ने के जिज्ञासुओं के लिए एक गाइड के रूप में काम आ सकती है।

प्रसन्नता मनुष्य का एक ऐसा गुण है, जो विपरीत परिस्थितियों में भी उसे सहज, सरल, सामान्य और रचनात्मक बनाए रखता है। तनामुक्त रहने, प्रसन्न और प्रफुल्लित रहने के व्यावहारिक सूत्र बताती एक जीवनोपयोगी पुस्तक।

नेतृत्व वही व्यक्ति कर सकता है, जिसका व्यक्तित्व प्रभावशाली हो, वाणी में आकर्षण हो, जिसकी तर्कशक्ति लोगों को लाजवाब कर दे। आपके भीतर छिपे लीडरशिप के गुणों को उभारकर सफल होने के गुर बतानेवाली पुस्तक।

दरअसल, सपने असल जिंदगी की वे योजनाएँ हैं, जिन्हें हम साकार करना चाहते हैं। आपने जो सपना देखा है, वह मूर्त रूप कैसे ले, उसके लिए क्या, क्यों और कैसे किया जाए—प्रस्तुत पुस्तक यह सब परत-दर-परत बताती है।

शिष्टाचार का जीवन में अहम स्थान है। शिष्टाचार द्वारा अनजान व्यक्ति भी समाज में सम्मान पाता है, वहीं शिष्टाचार रहित व्यक्ति परिजनों द्वारा भी दुत्कारा जाता है। प्रस्तुत पुस्तक व्यक्ति को शिष्टाचार युक्त बनाने की दिशा में अग्रसर करती है।

स्मरण-शक्ति बढ़ाने के लिए सरल सा नियम है—सरलता से उस विषय का दोहराव किया जाता रहे, फिर वह विषय स्थायी रूप से हमारे स्मृति-पटल पर दर्ज हो जाता है। स्मरण-शक्ति बढ़ाने के सरल उपाय बताती पुस्तक।

होती हैं। वे अपने हर साथी का समय–समय पर आत्मविश्वास बढ़ाती रहती हैं।

मल्टी डायमेंशनल स्वभाव : लड़कियों में कई भावों और विचारों को समझने की बेहतर क्षमता मौजूद होती है। सही निष्कर्ष निकालने का तरीका और उस पर सबकी सहमति दर्ज करवाने की कला भी वे जानती हैं।

एना विंटोर : दुनिया की सबसे मशहूर स्टाइल मैगजीन को लीड करना कोई आसान बात नहीं है। इस मुश्किल काम को आसान बनाया है एना विंटोर ने। एना के स्टाइल को दुनिया भर की टींस फॉलो करती हैं और हैरत की बात तो यह है किए स्टाइल दीवा एक बेहतरीन लीडर के रूप में पूरी दुनिया में नेतृत्व का कार्य सँभाल रही हैं। एना कहती हैं कि 'आई एम लीडर ऑफ स्टाइल'।

अंबिका हिंदुजा : अंबिका को बचपन से हर फील्ड में आगे रहने का शौक रहा है। अंबिका खुद कहती हैं कि "टीनएज से ही मुझमें दूसरों को लीड करने की आदत रही है। यह मेरा घमंड नहीं, बल्कि मेरा आत्मविश्वास है। हिंदुजा प्रोडक्शन हाउस का संचालन करना कोई आसान बात नहीं है, पर अंबिका ने अपनी समझदारी और नए विचारों के दम पर इसे आसान कर दिया है।"

प्रिया चटवाल : प्रिया चटवाल विश्व की टॉप सुपर

मॉडल्स में से एक रही हैं, लेकिन प्रिया कहती हैं, ''एक मॉडल होने के नाते मुझे हमेशा अपने डिजाइनर की बात माननी होती थी और मैं चाहती थी कि मैं सबको लीड करूँ। इसलिए मैंने ताज जैसे बड़े ब्रांड में अपना बुटिक खोला, लेकिन मैंने हिम्मत नहीं हारी और आज मैंने नए सिरे से अपने काम को लीड करना शुरू किया है।''

इंदिरा नुई : पेप्सी को कंपनी को लीड करना कोई आसान बात नहीं हैं, लेकिन अपनी कमाल की मैनेजमेंट स्किल्स और तकनीकी समझदारी को इस्तेमाल करके इंदिरा ने पूरी दुनिया में सर्वश्रेष्ठ ग्लोबल लीडर का उदाहरण पेश किया है।

युलिया टाइमोशैंको : यूक्रेन जैसे कृषि प्रधान देश को दुनिया के सबसे अमीर राष्ट्रों की सूची में शामिल कैसे करवाया जाता है, यह कोई युलिया से पूछे। अपनी टीनएज से ही युलिया में दूसरों को गाइड करने की क्षमता रही है। आज वे दुनिया की सबसे प्रभावशाली लीडर्स में से एक हैं। खास बात यह है कि युलिया की पर्सनैलिटी भी स्टाइलिश है।

- नेतृत्व वह है जो अंततः लोगों के लिए एक ऐसा मार्ग बनाना जिसमें लोग अपना योगदान देकर कुछ असाधारण कर सकें।

—एलन कीथ गेनेंटेक

यदि आपको लगता है कि आप में टीम लीडर बनने की

क्षमता है, तो इस बारे में एक बार फिर अवश्य सोचें। लगातार बदलते बिजनेस परिदृश्य, सूचना क्रांति और वैश्विक अर्थव्यवस्था में आए बदलावों के कारण विभिन्न संगठनों की कार्यपद्धति में बदलाव आ रहा है। इसी के साथ लीडर की भूमिका में भी। किसी भी स्तर पर पहुँचने के लिए क्षमता के साथ-साथ एटीट्यूड होना जरूरी हो गया है। विप्रो टेक्नोलॉजी इंडिया में कंसल्टेंट एस. मारिया प्रीथी के अनुसार, नेतृत्व का मतलब केवल पद से नहीं है, यह किसी व्यक्ति द्वारा किया जाने वाला चुनाव है और किसी भी स्तर पर इसका इस्तेमाल किया जाता है।

आपने कुछ कर्मचारियों को यह शिकायत करते सुना होगा कि उन्हें नेतृत्व करने का मौका नहीं मिलता। पर जब हम इस संदर्भ में कोई अपना खुद का आकलन करते हैं तो पता चलता है कि उन्होंने किसी विषय में पहल करना नहीं चाहा अथवा ऐसे अवसरों का निर्माण नहीं किया जहाँ वे टीम का प्रतिनिधित्व कर सकते थे।

बार्को के प्रबंध निदेशक नलिन अडवानी के अनुसार सूचना और जागरुकता किसी भी स्तर पर नेतृत्व की दो अहम बाते हैं। यदि आप अपनी भूमिका अच्छी तरह समझते हैं, टीम संरचना में अपनी जगह और उद्देश्यों को समझते हैं तो आप अपने कार्य का निर्वहन सही ढ़ंग से कर पाते हैं। इस स्थिति में किसी बहाने से काम नहीं चल सकता।

निजी जीवन में आपका एटीट्यूड काम पर आपके प्रदर्शन के बारे में दर्शाता है। नेतृत्व करने के अवसर हर जगह हैं। प्रश्न है क्या आप अपने आस-पास और अधीनस्थ लोगों का ध्यान रखते हैं और पहल करने में यकीन करते है?

- अपनी असफलताओं के लिए दूसरों को ब्लेम करना छोड़ें। हमारा अपना विलंब इसका कारण हो सकता है। जिस वक्त आप अपने काम के प्रति जवाबदेह हो जाते हैं, आप नेतृत्व की राह पर होते हैं।
- मजबूत पक्ष उभारें। अपने मजबूत पक्षों और क्षमताओं को जानें।
- अपने लक्ष्य बड़े बनाएँ। इसका नतीजा होगा कि आप उन्हें हासिल करने की दिशा में अपने कदम आगे बढ़ाएँगे और अपनी सीमाओं का विस्तार करेंगे।
- अपने डर को पहचानें और उससे दूरी बनाने का प्रयास करें। अपनी असुरक्षा दूर करें। उत्साह और जोश सफलता दिलाते हैं। ऐसे में कदम आगे बढ़ना आपकी क्षमताओं को बढ़ाता है।
- किसी नए कार्य को करने का मन बनाएँ और इसके लिए पहल करें। कितने ही लोग अपनी क्षमताओं पर यकीन न करने के कारण अपने अच्छे विचारों को बेकार और अनुत्पादक साबित कर देते हैं।

- आदर्श समय कुछ नहीं होता। यदि आपके पास कोई अच्छा विचार है तो उस पर आगे की योजना बनाने के लिए तत्पर हों।
- जो भी काम करें, भरपूर आनंद के साथ करें। कई बार हम खुद को दयनीय बना देते हैं यह सोचकर कि हम अच्छा काम नहीं कर रहे हैं। कन्फ्यूशियस ने कहा है "जहाँ भी जाएँ पूरे दिल के साथ जाएँ। जितनी अधिक अंदरूनी खुशी होगी, उतना ही हम सफलता के लिए प्रेरित होंगे।"
- दूसरों को उनके उद्‌देश्य हासिल करने में सहायता करें। अधीनस्थों को अपनी भूमिकाएँ निभाने के लिए सही स्पेस और अधिकार दें। खुद तक सीमित न रहें।
- गलतियों को तर्कपूर्ण तरीके से सोचना और स्वीकार करना बड़ा अंतर लाता है। गलतियों पर भावुक प्रतिक्रिया हमारे निर्णयों को बदल देती है और अपराधबोध पैदा करती हैं।
- असफलताओं से घबराने की आवश्यकता नहीं, सफलता इसमें है कि आप कितनी जल्दी दोबारा खड़े होकर आगे बढ़ने के लिए तैयार हो जाते हैं।
- दूसरों से प्रेरित होना अच्छी बात है पर उनकी सफलता की नकल करना हमेशा काम नहीं आता। खुद को

स्वीकार करें। जोखिम लें, इस प्रक्रिया में अनुभव होंगे। कुल मिलाकर प्रत्येक व्यक्ति लीडर है और लीडर बनने की क्षमता रखता है।

अपने असफल नेतृत्व से हार न मानें

सफलता प्राप्त करने के लिए नेतृत्व का गुण आवश्यक है, जिससे किसी कार्य को करने की पहल कर सकें। साथ ही उस पर नियंत्रण रखें और उस कार्य को बीच में न छोड़ें। नेतृत्व अच्छे–बुरे की समझ देता है और विपरीत परिस्थितियों में नियंत्रण करने में सहयोग देता है, जिससे हार का मुँह न देखना पड़े। जीवन में ऐसे ही मोड़ आते हैं, जब हम परिस्थितियों और प्रयासों के बीच संतुलन स्थापित नहीं कर पाते और ऐसे में हमारा नेतृत्व कभी–कभी असफल हो जाता है। युवाओं को याद रखना चाहिए कि कोई भी पूर्ण नहीं होता है। यदि कभी असफलता हाथ भी लगे तो समस्या को गंभीर होने से रोकने का प्रयास करें और कार्य को पूरा करने की सामर्थ्य रखें। यही वास्तविक नेतृत्व है।

□□□